青春，壯遊。

蹲點・台灣 10年誌

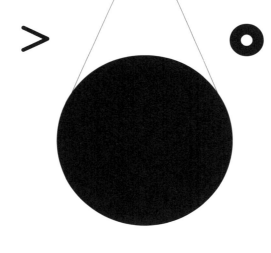

翻轉人生的
夏日小旅行

Click TAIWAN the first decade

contents

附錄

一起回鄉設計吧！

・本書不定時舉辦相關精采活動，請洽服務電話：02-23925338分機16。
・新自然主義書友俱樂部徵求入會中，辦法請見本書回函卡。

熱情推薦

蹲下來
是為了親近這塊土地

因為願意「蹲」下來，懷抱著謙虛與學習的態度，融入當地人的生活，與當地人一起面對他們所處的環境，透過在生活裡的勞動，然後才能感受到真正的生命，真正的台灣，從而以新的眼光看見真正的世界。

我也相信像「蹲點．台灣」這樣透過額頭滴下的汗水，以及夥伴溫暖的擁抱中，我們才能找回自信，相信夢想，相信自己內在的力量，相信這個世界應該被改變，也願意相信社會是能被改變的，這種信心所產生的力量能幫助我們克服困境，讓我們覺得只要再往前走一點點，就可以把事情變得更好一點。而當我們願意真誠的付出心力去關懷台灣，點亮台灣，我們最終也將能點亮自己的生命，豐富自己的人生。

牙醫師．作家．環保志工

李偉文

「蹲點．台灣」這個活動讓許多大學生在暑期有一個具體而且非常有意義的目標，他們深入社區及部落，與當地的人、事、物產生很美的火花，拍出許多感動的故事，相信這段經歷為他們的人生帶來深遠的影響，這些故事的傳承也會為社會帶來正面的影響力。

宏達基金會 董事長

卓火土

隨著社會發展，資源自然往都會區流動。當過度發展造成不均時，我們需要一種社會力量，將資源有意識的流回並影響社區。

「蹲點．台灣」的每一位參加者，是一個個真實上演的故事。他們，細緻溫柔的串連彼此，意識清晰的平衡城鄉。

歡迎你一起來認識這些「人」。我期待，假以時日，這股「人」的力量持續勃發與串連，成為台灣更美麗的風景。

以立國際服務 執行長
陳聖凱

「蹲點．台灣」是產學合作的最佳典範。

回顧十年前，中華電信基金會與政大廣電系雙方合作的構想非常簡單，就是由基金會扮演中介角色，讓廣電系學生得以透過鏡頭觀看台灣的各個角落，然後帶一個故事回來。

十年來開枝散葉，有越來越多來自不同院校系所的學生，積極爭取參與這個計畫。在一屆屆的故事中，我們看到的，是他們熱切地訴說著，關於台灣這塊土地的多元與美好、豐富與熱情。基金會作為幕後推手，功不可沒。在此祝賀「蹲點．台灣」，十年有成！

政治大學廣電系 教授
陳儒修

身為一個「嫁到」宜蘭的高雄人，在台北創業，「漂」離家鄉，多麼期待有朝一日能帶著「新眼光與能耐」回鄉奉獻。中華電信基金會「蹲點．台灣」計畫十年有成，不僅讓大專青年藉著與各地據點的合作，裝備人文思維與在地實踐力，今年，更讓業界設計師有機會返鄉貢獻專業，非常期待下一個精彩十年！加油！

5% Design Action 社會設計平台 創辦人

美國前總統歐巴馬曾說：「我們就是我們在等待的人。我們自己就是我們所追求的改變。」這些蹲點青年們正是這句話的最好體現，用行動回應台灣各個角落真實的問題。誠心推薦大家透過本書認識他們的故事。

為台灣而教基金會 創辦人

本書紀錄了中華電信基金會作為資源串聯的平台，帶領大學生蹲點台灣十年有成、青春壯遊自我實現的點點滴滴，看到學生們藉此發揮發現問題的能力，於是，你對他們未來解決問題的能力就會有所期待。相信在基金會持續陪伴在地文化成長下，能讓更多人看見並且串起了自己與這片土地最深刻的連結。

長庚科技大學護理系 副教授

這幾年，國內鼓勵服務學習、鼓勵腳踩土地，用生活體驗來獲得學校以外的知識，「蹲點・台灣」就是最好的一個實踐方式。

每年暑假，中華電信基金會帶大學生進入社區、原鄉部落蹲點，體驗在地的生活日常以外，還能運用所學所長服務鄉里。他們大步跨出舒適圈、將自己歸零，如同一塊海綿般的吸收新知；經由與居民的互動，打開自己的眼界，用寬廣的視角去做觀察，讓這趟「有任務的旅行」蘊含更多的意義，重要的是，我們因此看見了更多的青年力！

透過這本書，我們一起蹲低點兒，看見土地最細微的景緻，讓台灣最可愛的人物、地景、風貌，如同緜密遍佈的電信網路般，送到家戶門口。

中華電信基金會 董事長

鄭優

（依姓氏筆劃排序）

推薦序

深入角落，認識從未關注的世界

一九六〇年代末的一個暑假，我們小學住進了一批青年。他們穿著卡基服，帶著塑膠製的safari帽，白天揹著鋤頭、帶著鐮刀，到附近山裡開路；晚上就駐紮在我們的教室裡。幾張小學生的書桌，拼成了他們的床，還掛著一張一張的白蚊帳。傍晚時，他們在操場上生火做飯，附近的小孩都好奇地跑去和他們玩。有時，他們會煮蛇湯，那是白天時，山上工作捕獲的。去了皮，白溜溜的一條大蛇，嚇得小孩吱呀亂叫。這樣刺激的暑假過後，青年工作隊離去了。後山出現了一條山路。一年又一年的夏天，小孩成串地扛著西瓜，穿越山路，走過隧道，到山後的海濱戲水。

後來，我依稀理解那是一批泰緬地區來的僑生，暑假時，政府照顧他們下鄉工作。半世紀過後，不知他們在哪裡了。他們或許不知道，一個暑假，他們影響了往後一代又一代的小孩。

在台灣，中華電信應該是除了台電之外，最深入這個島群所有角落的組織。中華電信基金會每年支持青年學生到各個角落去蹲點，讓他們認識了他們從未關注的世界；也為這些角落裡的人們，留下一些或許多年之後，才會記起、或意識到的影響……。

十年，這些時移事往的記憶被這本書紀錄了下來。書裡的學生和書裡的人們也經歷了成長和變化。撫今追昔，他們或許會知道，原來那個多年前的暑假，自己已在彼此的生命中留下刻痕。是的，書寫是記憶的相簿，而時間是最動人的故事。

政治大學廣電系 副教授

推薦序

讓溫暖的土，融入一輩子的血液

那是二〇〇六年的夏天，接到一項任務，就是去山上一所偏遠的小學進行轉型計畫，主要原因是那所學校學生數太少，面臨裁併，縣府希望能夠透過活化，帶動學校與社區的發展，而我就是帶著任務來到華南的一位代理校長。

華南，這個日治時代以後的名詞。它涵蓋十個聚落，而且大部分都分布在山谷凹地。從擔水坑、翻馬坑、菜公坑、坪頂、倒孔山、橫路、枋寮……等聚落名稱，大概就可以想像華南是一個崎嶇不平的山中村落。因此，聚落和聚落間，有很多的山谷分布。也因此，往來交通不太便利，到現在仍然沒有交通車往返，由於生活機能的不便利，大部分年輕人都往都市集中，留在社區的居民普遍是超過七十歲以上的老人家，也因為如此，華南國小在我到任時，全校只有二十三位學生。

原先，我也懷著一種心情：獨自揹著背包，想像在青山綠水中與孩子在茶園裡遊玩，殊不知道到了山上才猛然發覺，街道冷清到有點淒涼，有的是獨居老人與流浪狗。面對這樣的情景，我開始帶著學生走出圍牆，帶著一台相機、一枝筆開始記錄社區的大小事，從來沒有在山上住過的我，竟然一蹲就十二年。

十二年裡學校與社區逐步的發展，從冷漠到熱情、從被世界遺忘的小村落，到目前變成經常被參訪的對象。

我知道，沒有深蹲，你永遠不會感受到土地的溫度。蹲點，就是中華電信基金會給我的啟發。打從聽到這名詞以後，就深深地想知道生命如何影響生命。

期間基金會不僅關注社區的發展，更是不斷媒合大學生前來社區：一方面記錄，一方面深入探索村落的生活型態。有那麼一天，你會發現自己已成為社區的一份子。有一年，二位蹲點的學生，被社區阿公阿嬤當成自己的孫女，每天晚上輪流到每一戶吃飯，直到即將離開才知道情感已被連結那麼深。去年，這位學生已經變成某雜誌的記者，他跟我聯繫時，聊起那時候的蹲點，血液中已融入土地的養分，輾轉變成一輩子的動能。

人要定居下來，才能在環境中辨認方向，並與環境產生認同。這也是變動社會中一種不變的價值。

雲林縣華南實驗小學 校長

陳清圳

前言

偉大的渺小．渺小的偉大

文——高世威

旅行，從來不是為了到達一個目的地，因為，「旅行」是一個動態的過程，唯有用心在當下，才能發現璀璨的風景。二〇〇九年起，每年夏天，一群大學生頂著盛夏的熾熱，用十五天的蹲點來證明自己的青春、探詢自己的價值，若干年後，當他們重新看這段記憶，也重新看見了自己的初衷。

二〇〇九年，夏至的熱情

曾有人這麼說過，如果你想知道〇．一秒的意義，可以去問一位短跑選手。那麼，如果你想知道「十五天」對一個大學生的價值，那就去蹲點吧……

二〇〇九年，夏至的午後，我們前往拜訪了政大廣電系的盧非易老師，聊著基金會的偏鄉社區故事，也聊著即將到來的大學生暑假生活，突然，有種不言可喻的默契在流動著：這兩個因素結合的可能性……。「服務學習不該只是一種形式化的過程」盧老師緩緩說著「它應該有著更多的社會意義……」，「那就來蹲點吧」我們幾乎同時的說出口。基金會自二〇〇六年成立後，在許多偏鄉社區或部落推動縮短數位落差與深耕社區文化產業，目前在全國有近百個長期耕耘的社區或部落，若能媒合學生利用暑假到這些社區或部落住上半個月，或許能激出不一樣的火花，於是，一個「蹲點」的雛形油然而生。

「要怎麼蹲呢？」這是衍生的第二個問題，十五天，不算太長，若沒好好規劃，可能在一個打盹的光景中就結束了。於是，在接續的討論中，我們慢慢理出頭緒：既然是一種體驗生活的學習服務，那麼，「服務」的過程是必要的元素，再者，記錄下這十五天的故事，也是留住記憶的方式。於是，「一手服務，一手記錄」的「蹲點．台灣」計畫，在二〇〇九年的夏天，出發了。

一手服務，一手記錄

「蹲點．台灣」計畫的「一手服務，一手記錄」，有著它特殊的核心意義，因為「服務」應該是一種雙方共同成長的過程，而不是「施」與「受」的單向行為，所以我們要求參與蹲點的同學，必須在出發前先和蹲點社區（部落）聯絡，瞭解社區的現狀與發展方向，並評估社區的需求與不足；最後，再依自身的學、經歷與能力，和社區共同設計出一份服務計畫，必須在十五天內和社區共同執行完畢。

我們完全不設限服務的內容、服務的類型，目的是希望同學依各個社區的需求進行設計，所以蹲點期間的服務過程也充滿了許多驚奇。例如：建築系的同學，幫部落完成即將新建的活動中心模型；電影系的同學，幫社區拍攝簡介影片；英文系的同學，幫教會的小朋友複習英文課程；廣電系的同學，開設影像剪輯課程，帶領在地青年共同完成一支MV；視覺傳達系的同學，和社區伙伴共同完成圍牆的彩繪；音樂系同學教社區長輩拉南胡、牙醫系同學向部落族人宣導口腔衛生、地理系同學帶領孩子以「定向越野」的方式，探索自己的家鄉。此外，還有些不一樣的服務內容，例如教導戲劇表演課程、協助文化數位典藏、協助建置網站……等等，每一項服務計畫，都是同學和社區（部落）共同完成，這樣的過程，讓同學深深體會服務真諦。

除了服務的任務，我們更期待蹲點同學把這十五天的點滴心情記錄下來，因為剎那的感動有可能成為永恆的記憶，所以每天撰寫心情日誌也成為重要課題；此外，為了鼓勵蹲點同學可以真正「蹲下來」傾聽土地的聲音、傾聽在地文化的呼吸、傾聽人們汗滴背後的故事，所以他們必須在蹲點期間，找到一個社區的故事，拍攝一支十分鐘的微紀錄片。

其實，拍攝一支微紀錄片，重點並不在於影片本身，而是拍攝的過程，學習觀察、學會聆聽，進而融入當地，在一連串的碰撞、思考、生活當中，重新認識自己、認識這塊土地，就如二〇〇九年參與蹲點的古哲毓說的：「這片土地不單靠誰的獨白，你、我、每個人都期待在攝影機底下睜大雙眼的孩童們，如何在以後替部落寫下嶄新的扉頁。」

青春壯遊，社會實踐家

十五天，對大學四年的生活，會是怎樣的漣漪，二〇〇九年蹲點的莊傑夫說道：「現在想起，畫面還是如此清晰，這段美麗時光，真真實實的『紀錄』在腦海。眼睛是我的鏡頭，記憶是我的底片，孩子們的笑聲是最動人的配樂。」

Canon

齲齒的原因

Nikon

Crazy Bomb

華南社區

是的！十五天，不算長，但對於參與蹲點的同學，卻可能是大學四年中最鮮明的回憶。當同學們懷著滿腔抱負與熱情，誓言用十五天去幫助社區（部落），但「到了部落以後，發現自己的能力遠超乎於我想像中的不足。去除了身旁熟悉的各個因子，反而讓我看清，自己究竟是怎麼樣的人。」二〇〇九年蹲點同學游煖湲在部落格中寫下自己的心情。

於是，將自己放空、歸零、重新認識自己，成了每一位蹲點同學的必經歷程。二〇一三年房星余在部落格中寫道：「如果沒有走過，我可能一直被侷限於社會裡編織出來的那些美好；如果沒有做過，我可能一直是一個逐漸被社會化的無知學生，然後嘴裡喊著愛台灣，卻完全不知道我生活的這片土地是如何的存在、是如何的和我一起活著。」；二〇一〇年劉清瑩也覺得：「這是一趟自我反省的旅程，改變我的人生觀。知足常樂，平凡就是福，許多慾望都是多餘的，導致自己的眼睛看不見真正的人生價值。」

經過一連串的自我探索與自我妥協後，同學們終於學會了傾聽，傾聽人們的聲音，也傾聽自己的心跳；當你真正「蹲下來」之後，你將會看到不一樣的視角，也開始重新學習成長。二〇一三年蹲點的李佳芸說：「這裡的綠草大樹能依照自己的意思自由舒展，不須被修剪成特定的模樣，而從早到晚皆有不同的動物輪流出沒活動。在這裡，第一次深刻體會到所謂與萬物的共生、共榮、共存。」；二〇一〇年鄒隆娜也感受到：「我們紀錄的是活生生的人，是真實的人生，是沒辦法預期的故事。從每個小朋友的身上，我們都見證了一部又一部進行中的電影，其中的曲折都像是好看的懸疑片一樣不可預期，又像是好看的文藝片令人催淚。」

終於，十五天蹲點即將結束了，回首這些天的足跡，除了不捨，擁有的是更多的成長，就如二〇一〇年蹲點同學楊岸青說：「我始終會記得，有一個地方，充滿情感、抱負，有人永不放棄地促進幸福」。這一趟蹲點旅程，對同學而言只是一趟有任務的旅行，但是在駐足的當下，我們都改變了，這些細微的巨大改變，往往在日後的記憶反芻當中，不斷的湧現。如二〇一〇年蹲點的陳詩芸說：「我們一起生活了十五天，從陌生到熟悉，然後建立起如老友般的感情。在這個速食年代還能細細嚼慢嚥，讓我在不多不少的半個月內，體會到慢活的幸福。」

若要說蹲點的收穫，或許二〇一三年的蹲點同學鄧皓允可以做為註解，他當時是成功大學醫學系一年級的學生，蹲點的最後一天，他這樣說：「醫生是我未來的志業，在學校七年我可以學到醫術，但是在這邊的十五天，我學會了如何愛人。」

故事，正要開始

每年的夏天，我們從近兩百組（兩人一組）報名同學中錄取二十五組，分配到不同的社區（部落）展開為期十五天的蹲點，期間的喜怒笑淚，都由得同學細細品味；十五天的結束，其實才是蹲點的真正開始。「蹲點．台灣」計畫，真正的目的並不是為社區（部落）提供短期的志工，也不是僅僅讓同學體會異地生活，而是希望透過十五天的熾煉，讓同學們在社區現場實際感受，傾聽土地的心跳，培養年輕人多元思考的能力，並透過系統性的邏輯思維，試圖去解決社區（社會）問題，這樣的能力養成，當未來畢業投入各個行業，就能帶著這樣的態度去看事情，透過熱情與思考去解決問題，在各個行業發光發熱，更甚者，可以回歸並投入社區（社會）工作，到時候的影響力才會被真正的看見，這也才是「蹲點．台灣」真正的價值所在。

就如同二〇一二年蹲點同學李欣宜在蹲點日誌中寫著：「去過不少地方，認識的人不算少，告別對我來說並不陌生。但我知道這一次，當妳抬起臉睜大眼睛問我『姊姊～妳會再回來嗎？』我可以踏實而篤定地說：『會。』因為我把部分的自己也留在這邊了！」

Part 1

如淡淡的青春印記，緣起不滅

二〇〇九年～二〇一七年蹲點青年專訪

文—古碧玲

「蹲點．台灣」最酷的不是拍紀錄片，而是「將計畫打掉重練，放空自己，全身全心投入社區的生活」。十二位歷屆曾蹲點過的學員，出發前，幾乎都躊躇滿志，試圖用自己的能力來改善社區的痛點。但到了社區，在在事與願違，正因為難以順利遂願，挑戰才真正開始。

「一手服務，一手記錄」，年輕學生通常都將重點放在「記錄」上，到了當地，開始撞牆期，原來，沒有生活，就不會有故事可供記錄；原來，必須與當地人建立關係，才能獲知故事背後最令人動容的精神，理解各個社區那些看似宇宙微塵，實則是平靜、篤定，與他們所處的世界合而為一的踏實。

十二位蹲點年輕人最遠的已經十年，最近的兩年，共同的特質是誠實泰然面對自己的狀態，無論在任何行業，都保持著理想不滅、深具同理心的清新氣息。那個夏日小旅行似近似遠，如淡淡的青春印記，緣起不滅地影響著他們日後看世界、認識人的態度。

1

比亞外女力成就多個第一次

2009年

（攝影／連慧玲）

打開初衷

蹲點成員：陳克威（蹲點夥伴：古哲毓）

蹲點社區：比亞外部落（桃園市）

學校系所：政治大學 廣播電視系

現職：大鬍子影像創意工作室導演

在繁重的論文壓力下，當時徬徨的克威想給自己的青春留下註解，想讓傳播的意義重新被看見。

看更多

「去了才發現自己是滿無知的，對很多東西並不瞭解；去了成長的是學生，我們無法帶給部落什麼，反而是部落給我們東西比較多。」在雲霧繚繞的秀逸山間，都會男孩陳克威遭遇許多生命中的第一次。

「蹲點．台灣」十周年的二〇一八年，陳克威已是拍過無數支微電影和廣告的導演，還是個一歲多的孩子之父。作為「蹲點．台灣」第一屆學生，二〇〇九年時，他是政大廣電所研二生；熟人都說陳克威是個「非常理性」的人，十年滄桑後，他理性依舊，只是現實生活讓他更加沉穩。

談起當年蹲點的桃園市復興區比亞外部落，克威陷入遙遠卻親切的記憶裡，

「一直很想在這裡的雲海上看見夕陽，

總覺得一定很美。

但到了第十二天，我們才覺悟，這裡叫做『霧繞』，

想在這看見夕陽，那真的得向耶穌祈禱。」

這是他十年前在比亞外寫下的心得。

挑戰「霧繞」一詞，以為可以衝破霧繞

主修外文系，出路令陳克威徬徨，從小就是「電視兒童」，經常陷入灑狗血的劇情而無法自拔，索性去念政大廣電所。研一升研二暑假前，所裡的盧非易老師推薦他參加中華電信基金會的「蹲點．台灣」；找來師大圖文傳播所研一生的大學同學古哲毓為夥伴，順利被分到第一志願的比亞外蹲點。

「當時看一切都很新奇，又有點怕怕的。」十年後，克威沒忘記他們從山下一路晃晃搖搖兩個小時車程，抵達這座部落的第一印象，「完全是一座世外桃源！」按照蹲點計畫規定，出發前他們已擬定了一個服務大綱，陳克威負責規劃腳本與拍攝，「到了當地，一開始我們照表操課，前幾天是有什麼就拍什麼。」

入住接待他們的甘長老家——這位五十來歲的部落Ina帶著幾個未成年的孫女孫兒，孩子們時不時一大早就闖進他們房間，催促兩位大哥哥：「稀飯都冷囉！」與這家人和部落人朝夕相處，「坦白說，直到最後的五天才慢慢把影片議題確定下來。」

年少難免有點輕狂的陳克威與古哲毓身處雲霧環繞的比亞外，總認為可以站在海拔一千公尺高處眺望夕陽，不信邪地幾度想挑戰當地人自稱的「霧繞」這個泰雅名詞。曾拉著部落孩子們，開著部落族人的貨車在狹窄山路上狂飆甩尾，在伸手不見五指的雲霧中反

·陳克威與夥伴對比亞外部落的第一印象是「完全是一座世外桃源！」

·甘長老與她的孫女們。

·剛開始看見什麼就拍。

覆鳴著喇叭，但夕陽始終躲著他們，不曾現身過。

「阿信」們撐起比亞外，男人都跑哪裡去了？

比亞外景致固然美麗不可方物，然而。迄今回想起來，真正打動並牽引他們再重返部落多次的卻是裡面的人，以及他們看似滋味淡然卻耐人尋味的生活。

「我們確實帶著刻板印象進入部落，但我們自己會有些省察，進去後倒沒有太強烈的震撼。只是我們會期待原住民有原住民的某些模樣，想像與現實間落差不小。」回首看，陳克威坦承，「和多數人對原民男性勇猛的刻板印象不同，我們在比亞外的女人身上看見力量。」部落裡靠著女性長輩和女孩們撐持著，所謂「勇士」——男士明顯極少，多數都到山下謀生，青年、男孩寥寥無幾，觀察到這現象後，「我們的片子就從數位鴻溝轉成以人口外移為主軸。」

陳克威這支紀錄片處女作中呈現大量女性視角，男性相對少，聚焦在小孩子以及留下來的人身上，等於是採反面角度，「透過暗示點出青壯人口外移的現況。比亞外的女人讓我們想到日本的『阿信』，以及傳統的東方女性堅毅特質；然而，卻又有些不同。」

・比亞外的阿信們總是做男人後盾（照片提供／部落照相館）。

親睹部落面臨從慣行農法，過渡到有機耕作的兩難

那些日子裡，甘長老經常跟陳克威聊起自己的兒女，「正如同偏鄉的隔代教養家庭，身邊總是圍繞著大小不一的孫子，但卻老看不見女兒和兒子，她一個人就這樣守著老屋，熟練地照顧小孩。」

也會在凌晨四五點曙光初現的比亞外，看見充滿朝氣的甘長老正要去割草，稍晚些就見到她在烈陽下全副武裝；週日，作為部落長老的她會站上台為部落祈福、為族人禱告……「你可以在她身上看到比亞外女人的力量。她偶爾也會背著孩子一邊割草、抱在懷裡參加禮拜，「那時，那股力量就更複雜、也更偉大了。」

今日的比亞外已是一顆閃亮的原民部落明珠，境內的有機種植常被當作標竿，並獲得「幸福社區」美譽。但蹲點那些天裡，陳克威親睹部落面臨從慣行農法過渡到有機耕作的兩難，「那時候，有個團隊在福山農場做有機種植，剛好他們來比亞外建議部落如何轉作有機種植。雖然福山團隊會補助些經費，但部落本身不僅得更改原來的習慣，還得投入一些費用才能開始作有機。」眼見部落面對有機農業一事，意見極其分歧，「像猶浩長老是想做，但有些人則不看好。」

只要與平地人的經濟體制一產生連結，原住民的生活就會變調

當時正值暑假，滿多部落青年都回到比亞外，這兩個都市青年與部落青年一起運動、游泳、瀑布跳水的互動密切中，逐漸體會何以部落留不住青壯男性。甘長老的話，言猶深印在陳克威腦海裡，「以前大家都在山上，自給自足，沒什麼錢的問題；現在開始需要賺錢過生活，山上又沒什麼發展，小孩子得上學，耆老們得生活，青壯年只得出去賺錢。」

看到部落在現實生活中的無奈，陳克威說，「也不知道從什麼時候開始，山上與山下的生活愈來愈像了，部落人要擔心的不再只是單純收成問題，而是這些收穫能轉換成多少貨幣，貨幣又能買多少東西？這或許不是比亞外部落才有的問題吧？只要與平地人的經濟體制一產生連結，原住民的生活就會變調。」

這些問題都是陳克威不曾遇到的，原來在人間仙境般的比亞外蘊藏了許許多多難以克服的現實問題，每天手持著攝影機背後，他們融入部落的生活，思考如何以自己拍的片子去詮釋部落的狀態，「我很難具體說造成哪些果，但那段日子到今天印象還很深刻，在記憶裡也占了滿大的比例。」日後，陳克威返回尋常生活，與其他蹲點的同學交流，大家普遍認為，「去了才發現自己是滿無知的，對很多東西並不瞭解；去了成長的是學生，我們無法帶給部落什麼，反而是部落給我們東西比較多。」

．猶浩長老想作有機種植，卻面臨兩難。

第一次拍的兩支紀錄片都得獎，確認了自己可以做這件事

《比亞外》紀錄片陸續讓陳克威拿了「攝區二三事」等獎項，「一個是亞軍，一個是佳作。都是紀錄片的第一次，覺得滿鼓舞的。」聊起蹲點的影響，「其實光是可以拍紀錄片這件事情就覺得影響滿大的，如果沒有去蹲點，也許就不會做現在的工作了。等於說我人生第一次拍的兩支紀錄片都得獎，確認了我可以做這件事。」

十年過去，陳克威仍未忘卻比亞外部落幫他們取的泰雅族名，「在當下甚至到現在都還滿有感覺的，雖然名字用到的機會不多，但這是一種感情。」在他們剛下山那幾年，曾幾度回到比亞外，「很像一個家人回家，滿溫暖的感覺。」

如今常常以導演身分記錄蹲點計畫的陳克威，回頭看現在的學弟妹，「我覺得進入社區的興奮感，以及接觸到一個不同文化的趣味感仍是一樣的。差別是社區愈來愈有經驗了。」幾年前，他跟拍屏東永樂社區即發覺，「他們已經接待了四、五次了，甚至比去的學生更有經驗；反而是學生要學習如何去蹲點，學習在當下去跟在地的長輩、同輩互動。」

二〇〇九年的夏日，似乎開啟了陳克威透過各種角度拍攝台灣各角落的契機，日後的工作跑遍許多部落，等於是重新認識這塊土地，「雖然目的性更強，不像去比亞外蹲點那

．宗教信仰是部落的信心來源與精神支柱，遇到難以解決的問題，則透過一起禱告面對。

麼單純，感覺不一樣。蹲點是有點體驗，有點冒險的感覺。」

在現實壓力中，透過傳播專業重拾理想

穩重的陳克威談起現在的工作，「都是為了生活。」但他沒忘記理想，「最近我常常回到學校（政大），和老師們討論如何運用我們的傳播專業，在充滿混淆假造的新聞環境裡，找出一條路。」

「我記得當時八月，他們跟我們分享了賣相不好，但甜度其實很厲害的水蜜桃。」陳克威幽幽地回味……看似短暫的十五天，影響如此綿長，偶爾隱隱浮現於現實生活中。或許就如同他自己當時蹲點日誌所寫的：「看見比亞外的女人這麼厲害，比亞外的未來絕對不會缺少力量。在這裡待個幾天就可以發現，部落的新血幾乎都是女孩子……，雖然現在還只比我們的膝蓋高一些，但她們長大以後的作為值得期待。二、三十年後，已經年近半百的我們，或許也能夠和他們一起為比亞外做些什麼吧，我們是這樣希望著。」

．和部落小孩游泳博感情。

．很多孩子跟父母下山生活，暑假期間才會返回山上。

比亞外部落（Piyaway）

看更多介紹

自詡為「無菸部落」，是一個不足百人，動物比人多的迷你泰雅族部落，也是台灣國寶——害羞的藍腹鷴的家，位於桃園市復興區北部橫貫公路往拉拉山旁邊海拔七百至一千公尺處的山坡上。四季按季節結果的作物有：枇杷，水蜜桃（含五月桃／白鳳桃）、甜柿、年柑；也種植高麗菜、芥菜等葉菜類。

教會扮演要角，積極協助部落營造，透過成立藍腹鷴護巡隊、繪製部落地圖，保護部落特色，並讓青年傳承耆老記憶，結合公部門資源增加在地就業的機會。幾年下來，比亞外部落在整個復興鄉的營造中名列前茅。

2 我的學校在山的那一邊

（攝影／連慧玲）

2009年

打開初衷

蹲點成員：盧業冠（蹲點夥伴：游煖湲）

蹲點社區：佳暮部落（屏東縣）

學校系所：政治大學 廣播電視學系

現職：南山人壽順豐通訊處保險業務員

當時正處於延畢的業冠，憧憬著到部落蹲點。正探索自己念傳播的人生價值為何，希望透過這次機會累積影片製作、敘事觀點經驗，並驗證他的一些想像，讓自己對這個社會而言有一些存在的價值。

看更多

不諱言自己不喜歡小孩，盧業冠在蹲點十幾天後，還是與幾個小朋友相處麻吉。當地小朋友到了五、六年級時，就開始七嘴八舌地討論會不會下山讀書的話題。當地孩子的受教權被剝奪，縱使在有心人奔走下，仍得下山到離佳暮十六公里外的霧台唸書，讓他對社會資源分配的不均很有感。

十年前，若見過在屏東佳暮部落蹲點的盧業冠，現在應該完全認不出他。當時的他蓄著過耳髮型，沒戴眼鏡，喜歡穿著印字T恤；現在的他歷經政大畢業後幾年的傳播業工作，轉行保險業務員，身著襯衫、繫著領帶，髮型也剪得極服貼，與二〇〇九年判若兩人。

那年，盧業冠大四延畢，正值「蹲點．台灣」啟動的第一年，準備回老家台南關廟的他看到系辦貼出公告，盧業冠心想如果能到南部蹲點，就近前往十分方便；再者，他從未去過部落，挺想趁此機會累積一些關於原住民的素材和經驗。

海拔一千公尺的佳暮並沒有數位落差！

海拔一千公尺以上的佳暮，即使是八月仍不時有雲霧籠罩，「我心想，這麼偏僻的

．和學妹游煖溪一起蹲點。

地方，可能真有所謂的『數位落差』。」然而，進了部落沒多久，深受震撼，跟他們預想完全兩碼子事，「中華電信在佳暮國小架設幾台電腦，平常學生們是還滿常使用的，小孩們，甚至小一、小二不只會玩各種線上遊戲，懂得可能比我還多，就連二〇〇九年當時流行韓團Super junior的『sorry sorry』，小朋友也都朗朗上口。」

顯然盧業冠的預設與當地現實不符，問題不在數位落差，反倒是在隔代教養、受教權益。佳暮國小被廢校，孩子們得往下走到距離十六公里外的霧台國小就學，每天往返太遠，佳暮的孩子小小年紀只好住校，一週返家一趟；有點能力的父母乾脆帶孩子下山。兩人決定把數位落差丟到一邊，放棄預想的拍攝主題，鏡頭對準當地的教育問題與志工問題，「重點是拍出來怎樣才是比較好看，人家會有興趣看的片子。」

業冠與同組的學妹游煖湲被安排住座落在山頭的佳暮國小，夜裡連隻雞都沒有，幾無人煙。「我記得去的第二、三天，因為我們住那邊沒什麼賣吃的，想要去覓食，就陪小朋友走路回去，大概走了二、三十分鐘才到人口比較集中的聚落……。」到了當地，看到生活資源的不便，他才發現原來自己不算是鄉下人……。

・身邊繞來繞去都是小孩子。

・當地小學已廢校，更沒有國中可上。杜桂美為了佳暮國小能夠復校的堅持與熱忱，令盧業冠讚嘆。

五、六年級開始七嘴八舌討論是否下山讀書的話題

兩人決定輕鬆地與當地人建立關係，盧業冠第一天就踏進民宅和部落人聊天，多半時間則在國小，跟著孩子們上山、上主日學，從每個孩子的家庭背景了解部落狀況。當地無法賺到錢，青壯輩的爸媽非得去都會區討生活，到孩子漸長後，就碰到隔代教養衍生出來的另一個問題，「記得小朋友到了五、六年級時，就開始七嘴八舌地討論會不會下山讀書的話題。」盧業冠想起，「當時就有訪問幾個很活潑的小男生，他們講說不想下山。」孩子的命運隨著大人漂流，有個孩子讓他印象頗深刻的，「他正準備要下山讀書，但他心裡並不想要離開這個地方。」

教育與教養問題讓部落有識之士憂心忡忡，為了讓被廢掉多年的佳暮國小能夠復校，時任屏東縣霧台鄉佳暮生活文化關懷協會理事長杜桂美設法透過各種管道奔走，並在二〇〇六年向屏東縣府陳情，儘管部落有二十幾個小孩，符合教育優先區的標準，得到的答案卻仍是「要復校，渺茫」。但杜桂美的堅持迄今還讓盧業冠讚嘆：「如果不是真的很擔心這些小朋友的教育，不會千里迢迢在沒有資源下，自己上山，把舊校舍改建成幾間教室，她自己就住在那環境不怎麼好的環境裡——有一天我還碰到蛇跑進來。她真的是很有熱忱的人。」

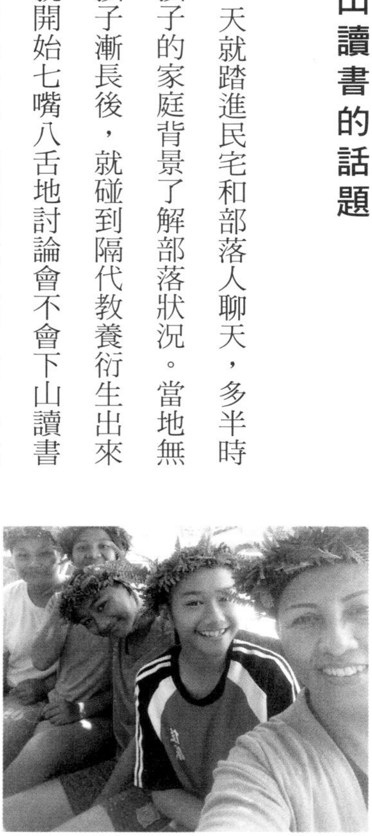

・傳統文化的傳承流失，讓有意識的族人開始正視（照片提供／杜桂美）。

《遠方的孩子們》兩難於經濟與文化間

紀錄片繞著親職教育和國小復校為主軸，盧業冠組將影片定名為《遠方的孩子們》，但這遠近的定義是如何判斷？部落文化的流失問題又該如何看待？以都市的眼光來看，佳暮就是一個偏遠到與世隔絕的部落，當年從平地返回部落經營綠色海洋民宿的賴孟傳，接受業冠訪問時指出，「如果孩子土生土長在霧台鄉的部落，相對地，他們的母語會很好，一些原住民傳統的生活技能如：燒柴、砍柴、辨識植物、辨別動物等，就可能先天灌輸在他們頭腦裡。」賴孟傳舉自己的孩子為例，「他們從小在平地長大，現在都要一直提醒他們母語；相對地，在學科、資訊、網路上就比山上孩子好很多。」但抱持著賴孟傳這樣想法的族人畢竟是鳳毛麟角，克服不了經濟與生存壓力，必須下山謀生的部落青壯年日多，佳暮，對他們來說，終究將愈來愈遠。

蹲點無法解決部落任何問題，盧業冠只能如實地記錄現況。孩子在當地無法安心讀書，每逢颱風季節，由於佳暮到霧台路險，佳暮部落的孩子往往被迫停課一周，受教權屢屢被剝奪；一旦孩子要升學時，父母會把孩子帶下山，留下老人家，這種受限於資源不便所衍生的社會問題，在部落已是常態。逐漸地，成為擋不住凋零腳步的限界部落。

．孩子超級頑皮，不見得管得住。

多一點體諒或包容，摒棄看事情的刻板印象

「不過我還是不喜歡小孩子，當實際接觸後更發現一個小孩子要教到乖巧聽話是一件相當有難度的事情。」不諱言自己不喜歡小孩，盧業冠在蹲點心得裡老實不客氣寫著，「特別是小六自我意識很強的小孩，相對比較難溝通，他們很皮，我們也不見得管得住，我們好像有生氣過。」但十幾天後，他還是與幾個小朋友相處投緣，滿喜歡其中幾位。但拍片任務還未完成前，就遇到災情百年一遇的八八風災，他們在八月三日被強制撤離下山。

在摧枯拉朽的風災橫掃後，佳暮居民雖平安，災情卻也慘重，村民暫時被遷下山安置在臨時屋。事過境遷幾個月，盧業冠這組心中仍掛念著未完成的紀錄片，向基金會表達想回到當地繼續拍，並獲得基金會資源與支援。那年十一月，他們抵達臨時屋。但似乎人事皆非了，「第二次去，我們卻像是瞎子摸象，要拍什麼，都有點不清不楚。」而孩子們更讓盧業冠難忘不已，「他們整個在重建中，才隔兩、三個月，我們已經沒有幾個認識的了，他們的眼神是有點陌生跟驚恐的。這趟，也不知道要用什麼心情或主題來拍攝。」

走過十年，再回頭看那十幾天的蹲點對自己的生命還是起了些微漣漪，盧業冠陷入沉思，「會多一點體諒或包容，本來我就是滿在乎這種人文議題。畢業後，大家的生活圈

都很忙碌，這件事情在我心中會變成當你遇到弱勢團體或社會議題，靜下心時還是很想瞭解這些事。」有機會他常跟人提到這社會的不公平狀況，畢竟他曾經親身去過這個地方，「蹲點也讓我摒棄看事情的刻板印象，不再先入為主。」

離開傳播業而投入金融保險業，盧業冠心裡仍期待有一天能再拿起攝影機，他也很鼓勵在學的大學生有機會去蹲點看看，「出社會那麼久真的相信，做了就知道喜不喜歡、或是有沒有得到什麼？」盧業冠談到最後，「聽說他們今年搬回山上了，也許我該找個時間回去看看。」

蹲點社區——佳暮部落

看更多介紹

隸屬霧台鄉的佳暮部落分成新、舊兩社，「新佳暮」約有二十幾戶，設有活動中心，聚落村民多數魯凱族人，以種植紅藜、辣椒、玉米、愛玉、山芋、蕃薯、養水鹿、採靈芝等為其主要經濟來源。耕地不敷使用，一部分村民再搬回對岸的台地，重建「舊佳暮」。莫拉克颱風摧毀了佳暮，僅剩第四、五鄰住戶留在原鄉。八年後他們重返佳暮，進一步打造部落產業。「魯凱族特用作物學院」在廢棄佳暮國小成立，由族人組成產銷班，將部落種植的紅藜、辣椒等作物，製作成紅藜鳳梨酥、辣椒醬等加工品行銷。

3

我的心底仍想耕那一畝有機田

打開初衷

蹲點成員：黃柏勳（蹲點夥伴：楊岸青）
蹲點社區：羅山社區（花蓮縣）
學校系所：政治大學 廣播電視系
現職：新歌文創音樂製作人／創意統籌

散發出新世代那青春又獨特style的個性特質，柏勳如此「不乖」的氣質，卻又關切城鄉差距、貧富不均乃至不公不義等公共議題。看似桀驁不馴的都會青年，與農村緣分卻頗深。

看更多

2010年

（攝影／連慧玲）

蹲點結束後，黃柏勳回到台北打開信箱，裡面充滿羅山學員寄來的電子信件，彷彿耕作的農夫看到收成的心情，「當下的感動無法用言語表達。我們確實用自己的小小力量，改善了他們的資訊落後問題。」

搞音樂九年多的黃柏勳，帶著黑眼圈、重重的鼻音、低沉的嗓音在上午十點半出現。他剛剛像入闈場般，被關起來一個禮拜狂作詞作曲。做為少數算是已冒出頭的新生代音樂製作人，黃柏勳的作品版權在唱片公司，「上禮拜，唱片公司租了飯店，把所有創作者關在一個房間裡，整整一個禮拜，每天很硬道地要我們一天得生出一首歌，從寫詞、寫曲、編曲到交出去。」七天裡的每天早晨十點，音樂人就被逼起床，「這是很瘋狂的，我們通常都是中午一點後才起床，因為我們每晚都在工作。」

整個禮拜都在高壓底下的日子甫一結束，黃柏勳又要立刻轉身練團。此刻，他正努力喚回二〇一〇年暑假的記憶，「因為樂團急著要演出，一般練團頂多就六個小時，我們從下午一點到晚上八、九點或十點。在平常生活的緊湊節奏下，我很少去想農村的事情。現在，突然想到應該去農村走走。」

從小就打定要做音樂工作。為了給家人交代，考取政大廣電系，即使主修都是影像相關，黃柏勳在大學時就開始作音樂，在系上小有名氣。「會去蹲點其實沒那麼偉大啦，主要是上一屆有學長去過說很好玩，而那時候，想認真拍片的學長楊岸青找上我，而且學生時代就很想要有個自己的作品。既有人可以供吃住，又有薪水的案子實在不多。」他老實托出自己當年蹲點的動機。楊岸青想去拍紀錄片，去之前兩人就分工好，「他是導演，我負責作音樂與協助。」

吃著熱騰騰的香嫩豆腐，既新奇又充滿成就感

外表看起來百分百都會小孩的黃柏勳透露，自己的鄉村生活經驗並不陌生，「雖然在台北長大，但爸爸是宜蘭人、媽媽是嘉義人，以前念書時，周末常常回爸爸的老家，我阿公、阿嬤晚年才種田，回去會吃到他們種的米和菜，到現在我還記得田間的景象。」

悠悠晃晃地搭了六小時火車，沿途景色遞換，當平疇綠野展開眼前，已達花蓮富里站，「我們下車時，覺得車站好像幾十年不變，還停留在日治時代。」黃柏勳依稀記得當時負責接待的社區發展協會溫理事長已經在車站等候他們，第一晚，就著滿天星斗，與溫理事長夫妻在三合院的院子裡乘涼泡茶，蛙鳴和著遠方傳來的狗吠聲，沒有光害的羅山，夜晚清朗剔透。溫先生滿腹雅興，還拿出金門高粱和這兩位年輕人聊了許多羅山的故事與生態。

・對黃柏勳來說，印象比較深刻的是羅山的人情味。

大人熱絡地招待，小孩熱情地跟隨，甚至那裡的孩子到現在還會在出現在黃柏勳的臉書動態裡，「有位要升國中的孩子小弈（化名），到現在還有跟我聯絡。」七年後回想起，黃柏勳說：「去了羅山，印象比較深刻是那裡的人情。」對長年處在資訊發達、生活便利的兩人來說，「許多的體驗都非常新。」羅山的泥火山豆腐遠近馳名，以添加泥火山所噴發出來的水為凝固劑，風味甚為特殊。做豆腐得起個大早，兩人剛到的第二天清晨五點鐘，溫先生即約妥火山豆腐餐廳的一對婆媳，讓黃柏勳他們體驗火山豆腐的製作，只見媳婦筱芸熟練地先浸泡黃豆與黑豆，再倒入製漿機，研磨出豆漿，這些「生」豆漿，還要熬煮成熟豆漿。豆漿熬煮後，即可製成豆花、豆腐。從未做過豆腐的兩人被帶著一步步做，看似簡單的步驟，卻耗了三個小時，吃著熱騰騰的香嫩豆腐，他們覺得既新奇又充滿成就感。

在年年秋收冬藏中，盼著離鄉的孩子歸來

幾天和村民的相處後，黃柏勳發現羅山村的阿公阿嬤都有著類似的生命軌跡：「在十七、八歲時，揣著一顆忐忑不安、渴盼外面世界的心，離開羅山，各憑本事在都市裡，掙得那張生存認證。在外成家立業，在異鄉構築了一個叫家的地方。」這些阿公阿嬤有

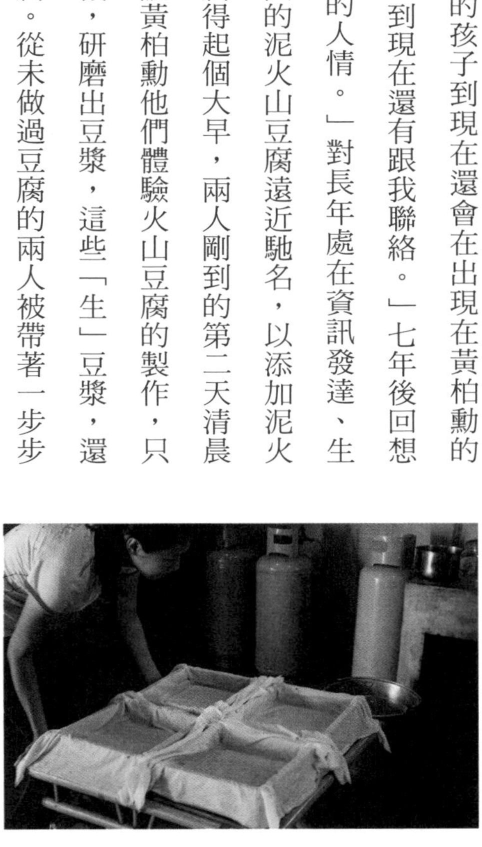
．做火山泥豆腐得起個大早。

如告白似的向他們和盤托出自己的故事，幾乎都是在久久一次的歸鄉中，赫然發現父母再也不健壯，無法細數的滿頭灰髮，那一幕幕好似黃柏勳也在現場，「於是，他們收拾在城市的家當，攜妻帶子回頭擁抱這個最初的家，永遠的歸屬。」接過上一代手中的鋤頭與秧苗，捲起褲管，照顧起一畝畝田，「然後他們重複著在年年秋收冬藏中，盼著離鄉的孩子歸來的日子。」

黃柏勳二人背負幫羅山老少上電腦課，以彌補數位落差的任務，決定第一個先滿足老人家思子心切的需要，「既然阿公阿嬤想要寄信給兒女，我們就教他們如何開設信箱、寫mail。當時是MSN時代，也教他們使用比較即時的MSN。」原來阿公阿嬤多半卡在打字上，黃柏勳會不厭其煩地教他們打字，現在想想還覺得有幫到老人家。

當時電腦網路不若今天發達，但羅山的老老少少都對電腦充滿興趣，從六歲大的稚童到七十來歲的阿公阿嬤都非常認真，「從認識電腦、能夠寄信給我，後來還會建立自己的網頁，推銷自家的民宿、產品，還寫下自己對農村的記錄觀察。」雖然語氣淡定，但黃柏勳談起，蹲點結束後，他回到台北打開信箱，裡面充滿羅山學員寄來的電子信件，彷彿耕作的農夫看到收成的心情，「當下的感動無法用言語表達。我們確實用自己的小小力量，改善了他們的資訊落後問題。」

・羅山以農田為主要經濟命脈。

・幫老少上電腦課。

提早跨入音樂製作的實境

在八月二期稻作的插秧季節抵達羅山的黃柏勳，也看到這座台灣第一個有機村的掙扎。

聽說羅山是全台唯一稱得上有機農業發展完全的社區，起初黃柏勳認為沒有什麼說服力，「台灣的有機農業都已推廣這麼多年了，怎麼會只有眼前這個小村落發展出成功的有機農業？」心裡疑問不少，直到他們一一拜訪田間工作的農夫們，才理解到，「因為羅山不引河水灌溉，而直接引用瀑布水，水質純淨無污染，所以才能種出掛保證的有機農業！」但一開始推廣豈是如此容易？黃柏勳強調，「溫理事長說他曾經差點在田裡跟人家打起來咧！」推廣羅山有機農業過程糾結，尤其是發展初期的產量驟降，種不出光鮮亮麗的蔬果，農民的生計可能陷入困難，絕大多數的農民都不願投入。在推動有機農業的過程中，倡導者因而和農民幾度發生衝突。

「蹲點的影響，應該是讓我對有機有些了解。」儘管黃柏勳一直在都市生活，「其實我不是那麼相信在都市市場流通的有機蔬果，反而覺得要吃有機就乾脆去找像羅山這樣整座村都做有機的農場。」溫理事長有句話讓他記憶深刻：「農夫比醫生更重要，醫生幫人治病，農夫卻決定了人會不會生病！」

．九年前的羅山是全台唯一稱得上有機農業發展完全的社區。

大四就入行做音樂，一做九年有餘，赴羅山蹲點拍的紀錄片配樂是他第一支正式作品，「等於讓我提早跨入音樂製作的實境。」不諱言自己現在做的音樂都滿目的導向，「在流行音樂產業裡就是要快狠準，我比較是商人型的創作者，不像那些藝術家型的創作者，我的創作習性不需要靈感。」但長期目標導向的創作畢竟會疲乏的，「我在羅山時，因為有些感觸所寫的東西，好像很久都不曾出現過。直到兩年前，在新舊工作有些斷層時，我隻身跑到美國波士頓兩個月，學點音樂，那是我第一次一個人出國那麼久，寫了些因為環境而有所感觸的作品。」

做夠了，想要回到大自然

聽聞現在的羅山有些外來人士遷徙當地，想帶給羅山新的改造，黃柏勳眼光飄向遠處，「我理想中的狀態是一旦音樂做夠了，想要回到大自然，我覺得人大概都有這種趨向，或許可以像一些年輕人帶點東西參與改造。」從喜歡大自然的父母、種田的阿公阿嬤到羅山，耳濡目染了黃柏勳，他說：「因為都市沒有家的感覺，雖然我出身都市，也很喜歡都市很方便的感覺，但跟土地關聯是薄弱的。」

也許，這位漾滿都市氣息的音樂創作者心中一直在耕一畝田，如同黃柏勳寫在蹲點心

‧從喜歡大自然的父母、種田的阿公阿嬤到羅山，耳濡目染了黃柏勳。

得裡的：

「我們都在耕一畝田，一畝心中的田。
在那裏我們孕育我們的夢想跟理想，我們收穫喜樂和幸福。」

蹲點社區——羅山社區發展協會

看更多介紹

海岸山脈將村子拱起，極目望去蒼翠山林田野，位於花蓮富里六十石山南方，羅山做為台灣第一座有機村，美景無邊，境內的羅山瀑布是有機村的生命泉源，水質異常潔淨，為農田灌溉水源。

村民齊心畫下有機村藍圖，生產純淨稻米。境內泥火山畢畢剝剝地冒泡，村民汲取泥火山漿，自播黃豆，手作泥火山豆腐。堪稱台灣甚早符合生態、生產、生活三者合一，實踐「里山精神」的村落。

惟好山好水擋不住人才往外走，村裡長輩逢年節就殷殷盼兒孫歸，學習電腦打字、網上寄情，一直是每屆蹲點的關鍵任務。

4

那些溫柔付出，是源源不絕的創作能量

2010年

（攝影／連慧玲）

打開初衷

蹲點成員：鄒隆娜、歐詩偉

蹲點社區：三峽復興堂（新北市）

學校系所：台灣藝術大學電影系

現職：兩人皆為導演

降轉到台藝大電影系二年級的隆娜，她的母親是菲律賓人，三年級的學長詩偉來自馬來西亞；在東南亞籍新住民在台灣日多、蹲點社區裡新二代也趨多的狀況下，兩人特殊的外籍背景，從未能到外島或偏鄉的遺憾，到進入三峽的充滿震撼。

看更多

拍紀錄片最大的學習就是學到一種觀察人的狀態。會提醒自己要更敏銳地去觀察周遭的事物，而不再只想到遠方才會有故事；像三峽，我也不是沒去過，可是平常走過也就走過了，但生活中的一些細節，可能都是有故事的。

在三十歲世代中，他們倆是很幸運的一對，夠敏銳也夠努力，比起無數作電影夢的青年人都擁有絕佳的機會，可以一部作品接一部作品拍下去，並且在眾影展裡嶄露頭角。二〇一六年，不到三十歲的鄒隆娜已經以《阿尼》這部敘述菲律賓在台漁工的劇情片，入圍坎城影展，曾困擾自己身兼兩種文化的成長背景，反成了她的創作泉源。瞬間一亮的她，仍清靈的如未沾染太多世事的學生。這十年，她的拍片生涯乃至於個人情感、生命視角，都累積出些微甚至劇烈的變化，或許可以從九年前到三峽復興堂蹲點開始說起。

在馬來西亞的華人電影圈裡，「歐詩偉」這名字，時而以導演，時而以副導演，時而以攝影師，打在片尾的工作人員名單裡。出身馬來西亞柔佛，在高中畢業前，讀到當地中文報，刊載著導演李安以《斷背山》得奧斯卡金像獎的消息，為了一遂電影夢，他決定負笈台北念李安的母校台灣藝術大學。過了十三個年頭，歐詩偉所拍的《高速公路》、《四不像新村》深受注視，才三十出頭的他已征戰大小影展，穩固地躋身在馬國華語電影界。除了自己的作品，也與九年前參與「蹲點・台灣」計畫合作的學妹、現已是妻子的鄒隆娜，合作過多部影片。於公於私，蹲點可以說是他的幸運起點。

母親是菲律賓人，父親是隨國民政府來台的江西籍軍人，鄒隆娜十歲以前住菲律賓。父親和她差六十歲，從小跟爸爸守著大小螢幕，看電影、看電視，時光在那一幕幕間流轉，埋下鄒隆娜對拍電影這行業的嚮往。二〇〇七年她考上台大財金系，卻發現自己完全應付不來這環境與科系，成績毫無起色，多次向父母表達唸電影科系的意願，二〇〇九年降轉進入台藝大。才唸完第一年，得知中華電信基金會有個暑假蹲點計畫，正要招募學生，家庭經濟始終不富裕的她說起蹲點動機，毫不矯飾地回說，「會去蹲點，就是想要賺錢。」

他們的設備都很高級啊，難道要吹著冷氣蹲點？

既可拍片，又有錢拿，卻碰到原本要結伴前行的同班同學臨時決定要出國，他問鄒隆娜說：「妳還要去嗎？妳要不要找別人？」恰巧教他們器材操作的學長歐詩偉經過，顧不得生熟，她直接問，「學長，請問你暑假有要拍片嗎？」鄒隆娜很清楚自己的優缺點，她回憶說，「我才剛進系上一年，必需有一個熟悉器材的夥伴，自己也沒有什麼器材方面的天分。」歐詩偉也沒多想，當場就應允學妹一起提出申請，先報再說。

雖然從眾多競爭者中脫穎而出，但一心一意想去外島或花東地區的兩人，聽到被指派到三峽復興堂，心底立刻涼了一截，「哇！在新北市呀！有什麼東西可以拍得很特別？有什麼東西可以意想不到的？」他們曾想打退堂鼓，滿心忐忑，決定騎車先去行前探勘。

到了當地，踏入一間二、三樓的市區室內教會，歐詩偉說，「第一個感覺是他們的設備都很高級啊。哇！我們到底可以拍什麼？」怎麼看都很沒有畫面感，映入眼底的是拼木地板，一旁則是課輔班的空間，小朋友在其中活動，旁邊是一個餐廳，只見一位阿姨在旁邊包水餃，「算是一個大台北地區非常完備的都市教會，暑假很熱，大家都窩在那吹冷氣。」

儘管教會每個人都很友善，但比較會操作攝影機的歐詩偉還是有點茫然，直到見到主日學老師王乃玉與吳念慈，看著她們對孩子的耐性，才放下胸中不安，慢慢跟教會的孩子、老師建立關係，雖然歐詩偉擎著攝影機，但他們被當作是教會的一份子，並沒有防衛心。慢慢了解他們之後，才知道三峽有哪些草根故事，可以拍到什麼主題。

不過，正式蹲點的第一天居然是孩子們上課輔班的最後一天，教會主日學老師設計了幾個暑假活動，小朋友可以免費或付點錢參加，「那天有點緊張，現場二十幾個小朋友，剛去就要決定拍誰。還好很快就有幾個小朋友抓住我的眼睛，不是他本身的個性非常鮮明，就是有很多故事的孩子。」暑假會留下的幾個小朋友，可能是媽媽在那邊工作，鄒

・位於大樓內的復興堂。

隆娜記得有位單親媽媽在教會旁包傳愛水餃（見第六三頁），「那個孩子就必須待在那裡。」

弱勢是一種生活狀態的相對性

隸屬新北市的三峽，可能數位落差並沒有那麼大，但誠如王乃玉老師告訴他們的，「弱勢的孩子是缺乏陪伴的。」這一天，王乃玉出了一個題目，請小朋友寫出這學期在課輔班有什麼最感動的事？只見小孩們或搖筆或側頭或發傻，少數幾個埋首寫著畫著，也有孩子好奇地逼近鏡頭看。這其中有個孩子獨自坐在最後，不斷跟老師檢舉其他小朋友的抄襲行為，王乃玉並不直接指責被告的孩子，只是反問被指出抄襲的小朋友說：「你們的美好回憶是完全相同的嗎？」

「去了之後，覺得在市區那個反差才會出來。」經過半個月，他們開了眼界，對於「弱勢」這詞句，有了新體認。他們認知到，「弱勢，並不代表先天上智能的不足，也不是一個地理名詞，而是一種生活狀態的相對性。」在同一個學校，人們平常沒留意到的弱勢孩子，和其他家境小康的小朋友，彼此的生活環境與成長速度就是有差異，鄒隆娜寫到，「他們未曾居住在窮鄉僻壤，他們的智商也沒有問題，他們唯一的問題就是，相對於

．去蹲點的第一天，居然是學期最後一天，兩人不禁焦慮起來（攝影／連慧玲）。

一般的小朋友，他們沒有那麼完整的學習環境。」鄒隆娜說，「去了才知道，這些家庭環境較弱勢的小朋友真的好早熟啊。」

這些孩子的生活是辛苦的，「有一個小朋友的媽媽在辦婚宴的地方工作，每天早餐就是媽媽前一天打包回來的油膩食物。」跟這些孩子聊天，孩子們會用很輕鬆的口吻跟兩位哥哥姊姊說：「我們今天早上吃油飯配紅蟳喲。」

每一顆動盪的童心都反映出缺少父母的陪伴

與復興堂的孩子每天相處中，短暫的交會，鄒隆娜的心被這些孩子牽引著，「從一個個好奇、陌生的面孔，到叫得出名字，甚至到一見面就被他們巴著不放，我們對他們的故事都有了初步的認識。」

十八天的拍攝過程，多數時候都算滿乖的小朋友，偶爾會出現負面情緒反應，鄒隆娜發現他們除了傷心哭泣之外，還會在不易察覺時，有些小衝擊，「比如說是小朋友們遊戲之間會有的小壞心、微微的暴力傾向、以及容易被激怒或受傷害。」其中一個小男孩順璟（化名），他不太肯敞開心房，容易被激怒和陷入憂鬱中；還有位小女孩思婷（化名），非常愛撒嬌，但也常覺得受傷。孩子們的狀況不大一樣，卻有個共同點：缺少父母的陪

．為生活奔波的家長，在望子成龍之間，相當忙碌（攝影／連慧玲）。

伴。她說，「可能爸媽都很忙，或只有媽媽一個人工作，小朋友就得想辦法填滿他整天的時間，所以他們特別倚賴教會，因為他在那邊才找到被關注照顧的感覺。」

「我從來沒想到台灣也會發生像這樣的故事，加上或許三峽是介於都會和郊區之間，狀況會更多更複雜。」歐詩偉愈是深入了解這些小朋友，愈覺得老師好有愛心與耐心，「也許他們就是那麼想要付出，才會留在教會裡面，做這低薪，甚至得花很多心力的工作。」他們還發現，有些透過教會系統成長的年輕人，包括讀高中的學長姊都會想回饋，紛紛回來擔任帶領這些弱勢孩子的志工，「這是一個很正向流通，正向循環的系統。拍攝時，覺得他們真的是大台北地區中間的小世界，很努力維護這小世界的屏障，讓小朋友可以來這邊安心踏實地待著。」

深入社區家庭的文化震撼

這些互動被錄在歐詩偉的鏡頭裡，「對於他們的未來，覺得自己好像也開始關心了起來。」鄒隆娜說。緊接著，他們看到更多隱而未宣的問題，包括：家庭經濟、小朋友的想法。也逐漸進入孩子們的家裡和社區拍攝。然而，進到每個人家裡都是一次的文化衝擊。

鏡頭裡帶到來自閩南客家的一般家庭孩子，也拍到外籍配偶的媽媽，進入一個聚落

・復興堂陪伴著孩子們的每一個寒暑。

時，「我們第一次去滿震撼的」。他們還曾到一座新大樓，鄒隆娜記得，「那個社區很像我在美國電影看到的Bronx社區，對我們這樣陌生的外來者，充滿防衛心。去拍的那時候，我們才是大學生，會遇到一些緊張狀況，可能因為有太多人去那邊拍了，他們以為又是記者要來拍了就走。」當時去的餘悸至今猶未忘。

「妳在的時候，他特別開心。」主日學老師經常對陸籍且單親的順璟媽媽說，但孩子的命運反映了大人要討生活的無奈；順璟媽媽就住在一座快拆遷的聚落中，「我們拍完後，順璟就被帶回中國，由他媽媽的親戚照顧，後來又被帶回來。」

城市中的懸殊階級落差很難流動

從蹲點拍片，鄒隆娜第一次感受到很多不同家庭組成台灣的城市面貌，看到當時背景迥異的孩子所反映出來的社會縮影。在成長過程中，她同學的家庭背景都相對單純，「像我這樣的台菲混血兒是很少數很少數的。」直到她進台大後，更深深能感受到階級落差，「有些同學真的很有錢，那是一個很難流動的階級。」轉到台藝大之後，雖然來自外縣市的同學較多，「但他畢竟還是一個國立學校，學科比例占很重，相較之下，大家都還是從好的公立高中畢業的。」

‧「三峽是介於都會和郊區之間，很多很複雜的狀況會發生。」歐詩偉認為（攝影／連慧玲）。

這部紀錄片雖未鎖定數位落差的主軸，轉而聚焦在復興堂是如何成為孩子的庇護所，還是得到那年的第三名。兩人透過交叉剪接三個小朋友的故事，來貫穿這部片子，「拍蹲點跟一般紀錄片有一點不一樣的是，除了人物外，機構的描繪也很重要，當時，因為不想拍歌頌機構的一面倒影片，如何塑造並把復興堂放進影片架構裡，討論很久。」

作為一個年輕也屢屢獲獎的導演，蹲點，更有助益於鄒隆娜的創作路程的是，「會提醒自己要更敏銳地去觀察周遭的事物，而不再只想到遠方才會有故事；像三峽，我也不是沒去過，可是平常走過也就走過了，但生活周遭中的一些細節，可能都是有故事的。」

照見了許許多多的溫柔付出，讓自己的身心得到富足

鄒隆娜在蹲點完成的紀錄片，從不知道要拍什麼，不知如何跟被攝者培養感情，純粹以直覺和被攝者交朋友，到懂得掌握精力遠大過他們的小朋友，抓到與家長、復興堂的人相處之道，「第一次對這個世界有多點了解，也真正經歷到拍紀錄片是怎麼一回事，雖然這只是個小品，但卻打開一個可以讓自己的身心得到富足的旅程。」

也在那年蹲點後，歐詩偉理解了紀錄片的核心，「你可以在一個框架中去進行，但是你沒有辦法掌控事件和被拍者會講什麼！」

・復興堂成為孩子的庇護所。

・鄒隆娜從不知道要拍什麼，到懂得掌握與復興堂的人相處之道。

無論被攝者的態度友善與否，他覺得，「拍紀錄片最大的學習，就是學到一種觀察人的狀態。」他強調說，「我們去蹲點，必須慢慢跟人培養感情之後，才有這故事產生，你必須自己去發現素材。這點後來用在拍劇情片，怎樣和演員溝通，很有幫助。」

從三峽孩子們的生活投射也療癒自己，鄒隆娜的畢業製作《薯片》正是自傳體影片，描繪十歲的她從菲律賓回到台灣之初，面臨格格不入的文化衝擊，「住菲律賓時，爸媽都會跟我們講台灣是什麼樣子。要搬回台灣時，我覺得是要回家的感覺。」滿心期待地回到台灣，卻發現跟她想像的很不一樣，而她自己則像個外國人，「我去同學家玩，他們的阿

．歐詩偉從蹲點理解了紀錄片的核心。

嬤會問我為什麼不學台語？可是我爸爸是外省人，我們家根本沒有一個會講台語的人。」

近十年來，歐詩偉以拍劇情片為主，紀錄片反倒是鄒隆娜拍得較勤。兩人各自的跨文化經驗，讓他們都對必須移動工作或生活的對象特別感興趣，身上印記著跨文化記號的鄒隆娜，婚後將遷居馬來西亞，再度成為一個異鄉的移民，她背負著這些不同文化，令她特別關注移民、移工的議題。歐詩偉則在二〇一七年執導的短片新作——《四不像新村》，藉馬來貘意象象徵馬來西亞勞工赴新加坡工作的課題，入圍了法國克萊蒙費宏短片影展、釜山國際短片影展、馬來西亞東南亞影展等。

那年蹲點，他們在紀錄「超越想像」的真實人生裡，從每個小孩身上，無不見證了一部又一部進行中的電影，還照見了許許多多的溫柔付出，歐詩偉談起來淡然，卻都印象鮮活。他們曾想重返復興堂拍那些孩子長大的樣子，仍未能成行；但緣起不滅，那些孩子以及復興堂的志工們，化作他們鏡頭下與劇本裡的各個角色，在往後兩人牽手的日子裡，有個遙遠卻暖呼呼的共同回憶，並引領著他們繼續注目這世界的每個角落，替人們說故事。

·從每個小孩身上照見許多志工的付出。

·曾經因為被分配到三峽蹲點而失望，卻深刻開啟了歐詩偉與鄒隆娜的視野（攝影／連慧玲）。

蹲點社區

三峽復興堂

看更多介紹

多年前一個雨天午後，丁帥之牧師走在三峽和平街上，瞥見對街的一幅景象——那是一個看似高中生，夾了支菸，正在吆喝著一群跟在後面的孩子，「這些被親人忽略的孩子，代表的不僅是眼前教育的問題，更會是將來的社會問題……」丁牧師如此想。

復興堂發現，這些弱勢家庭（含原住民、外配、單親、隔代、高風險）供不起孩子到安親班，而能提供課後輔導的場所也不多，遂於二〇〇八年二月著手計畫成立「傳愛品格教育暨課業輔導班」。並訂定「完全免費」、「只收弱勢」二大原則。

此外尚有「傳愛水餃事工（現已停止）」、「銀髮族樂活俱樂部」、「新住民幸福小站」，藉著關懷弱勢來見證信仰的無私。

5

延續生命力的蒲公英種子

看更多

打開初衷

蹲點成員：張耿豪（蹲點夥伴：Jorge Luis Rodriguez Granados）

蹲點社區：菁寮教會（台南市）

學校系所：中山大學 企業管理系

現職：樂浪遊艇執行長

出發前，才發現自己和一位墨西哥籍學生Jorge被AIESEC配成一組。兩個都非影視專業出身，只是抱著一股熱情，想透過影像來記錄台灣，卻發現這挑戰沒那麼簡單。從來不畏艱難的他立即轉念，「當下暗自下定決心，要用我們的真心來感受菁寮，記錄每一個瞬間的感動。」

2011年

（攝影／連慧玲）

那緊張到面色發青的模樣，到比賽結束後拿著獎牌上車時的展顏歡笑，「即使沒得獎他們還是很開心，能夠陪伴他們的那個過程，我滿感動的。」菁寮孩子在這次比賽拿下多項個人大獎，並再次蟬聯團隊冠軍，「宣布的那一刻，看到吳牧師疲憊的臉龐露出了滿足微笑。」

即使已經是個談起生意動輒上億元的資產管理公司負責人，在張耿豪身上依然有股如學生般的清新氣息。想起二〇一一年參與「蹲點・台灣」，那些追著、黏著他們的菁寮孩子們的笑顏，他臉上閃過幾分溫柔。

從高中起，張耿豪就熱衷參加服務志工訓練，也讓他從中學到施與受的價值。蹲點那年，張耿豪才念企管系大二，已役與過不少志工營隊，「年輕時都有很多夢想，想嘗試很多事情。」寒假甫去泰北當國際志工，當他看到有深入台灣某個社區待個十五天的機會，「覺得好玩，但自忖一定上不了。」儘管不抱希望，張耿豪仍透過AIESEC國際經濟商管學生會申請且過了關。

出發前，張耿豪才發現自己和一位墨西哥籍學生Jorge被AIESEC配成一組。為了讓這位異國夥伴更快融入台灣，爽朗好客的張家人特別遵循AIESEC的遊戲規則——文化交換，以接待家庭的角色，邀請Jorge到南崁張家住，「我家人費了不少心思向Jorge介紹台灣的文化、地理以及『蹲點．台灣』的守則和細節。」張家請他到道地台式餐廳品嚐各種美食、探索桃園的大街小巷，「我爸還開車載他和我們全家越野上山，近距離體驗台灣山林之美，聆聽最原始的蟲鳴鳥叫，從山頂遠眺整個大桃園。」

Jorge領受了台灣人滿溢的熱情，懷著對台灣的好印象，跟著張耿豪從桃園一路往南到達新營站。隨著火車行駛，沿途景色由林立高樓變換到作物遍布的廣袤平原。

Jorge的加入悄悄地為當地帶來一些改變

火車停靠在台南最北端的新營站，還得搭幾十分鐘的公車才抵達後壁區，張耿豪當時從火車站走出來，抬頭看著灰濛濛的天空，對紀錄片到底要拍什麼開始擔心起來。「也許最好的搭配應該是一個擅長拍，另一個不會拍，如此組合，視角肯定不一樣，更能夠激盪出火花。」張耿豪在多年後回憶，提出建議，「我們兩個都非影視專業出身，只是抱著一股熱情，想透過影像來記錄台灣，卻發現這挑戰沒那麼簡單。」但從來不畏艱難的他立即轉念，把挑戰當成轉機。「當下暗自下定決心，要用我們的真心來感受菁寮，記錄每一個瞬間的感動。」

心篤定下來，準備好好去探索台南後壁菁寮，這是紀錄片《無米樂》的故鄉，「去之

．用真心來感受菁寮，記錄每一瞬間的感動。

前，我完全沒概念，現在最記得的是跟那些人的互動，包括墨西哥夥伴、當地人。」兩人被安排住進吳秋安牧師的家，Jorge的加入也悄悄地為當地帶來一些改變。

菁寮小朋友們初見到這外國人，前一、兩天還有點怯生生地。經吳牧師的鼓勵，還有Jorge大大的微笑，讓孩子們卸下心防。漸漸地，他們敢用「How are you? Where are you from?」等簡單句子來試探。幾天後，孩子們每天繞著Jorge玩，還會彼此教對方的語言，「到後來，他們還持續有聯絡呢！」

在報導菁寮的數位落差，與體驗小鎮生活之間，張耿豪很深刻地體會出城鄉教育資源的懸殊，「如果拿菁寮學生和城市相比，他們的國、英學科在升到國、高中時，可能會被很慘的打掛，但若在本科外給他一個技能，會很有幫助也很重要。」

二〇〇六年的夏天，是菁寮縮短數位鴻溝的關鍵時點。

「數位好厝邊」出了數碼寶貝無敵手

以往，當地經濟能力好的家長多半選擇將孩子送往市區就讀或補習；而乏人陪伴的孩子課後回到家則見不到大人，於是四處遊晃；又或者是新住民媽媽本身還未能完全適應異鄉生活，縱使有心卻未必有力能顧妥自己與孩子。眼見這些缺口，放棄赴英國進修和

・菁寮教會建了「數位好厝邊」電腦教室。

當老師機會的吳秋安牧師一方面著手籌辦課後輔導；另一方面，也希望找到讓當地孩子適性發展的特色。吳牧師積極聯繫中華電信基金會，並提出充實數位設備的申請。當年暑假期間，資策會與基金會連袂造訪菁寮教會，決定在菁寮村建置「數位好厝邊」教室。往後多年，中華電信已陸續送出二手電腦，並派老師前去當地，指導培訓具數位教學能力的師資。

而從二〇〇七到二〇一一年的五年間，參與菁寮「數位好厝邊」課程的孩子們陸續在各大比賽嶄露頭角，也在交大舉辦的「網頁小達人」活動中囊括了第一、二名。

蹲點時，張耿豪和Jorge陪著孩子們一起搭遊覽車，參加「數碼寶貝展功夫」賽事，想著那些喜歡黏著他們的小學生，「他們很喜歡這些大哥哥的陪伴，跟他們去比賽，幫他們加加油、打打氣，就像我們考學測基測，若有父母的陪伴就很給力。」張耿豪難忘孩子們下車時，那緊張到面色發青的模樣，到比賽結束後拿著獎牌上車時的展顏歡笑，「即使沒得獎他們還是很開心，能夠陪伴他們的那個過程，我滿感動的。」菁寮孩子在這次比賽拿下多項個人大獎，並再次蟬聯團隊冠軍，「宣布的那一刻，看到吳牧師疲憊的臉龐露出了滿足微笑。我們的紀錄片也剪進了這段。」

因著數位學習改變了菁寮孩子，看到學生之間與老師的互動，以及轉換成數位教育的技能；張耿豪聯想起那年寒假在到泰北當國際志工時，經常讚嘆當地的改變。曾是毒品以

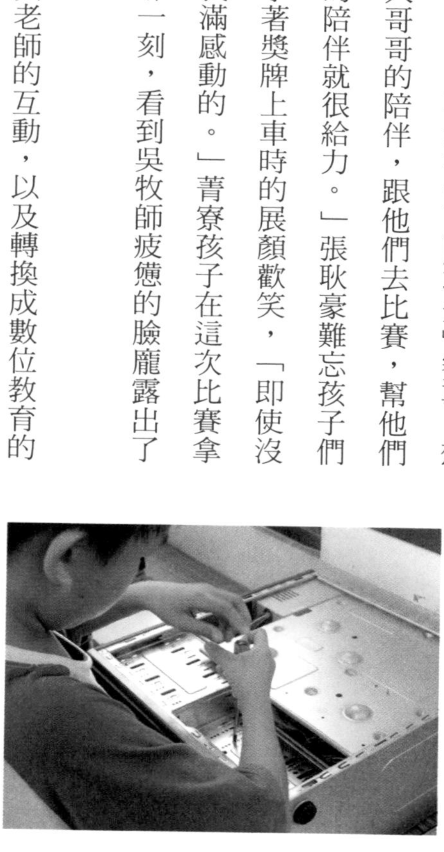

．數位好厝邊縮短了菁寮學童與都會區的數位落差。

及槍械重鎮的泰北清邁明朗村，在一對牧師夫妻耗了近十年時間，靠著宗教力量，讓該村逐漸轉變成為教育普及、犯罪率下降之地。那年夏天，張耿豪也在台南菁寮親見一個異曲同工之妙的故事。

給了孩子一雙信心的翅膀，及看世界的視窗

每個小地方，若有個願意悉心奉獻的人點點滴滴投入，似乎就可以看到改變的契機。張耿豪看到選擇留在菁寮的吳牧師夫妻胼手胝足地打造了菁寮幼兒園到數位好厝邊，一晃眼奉獻了數十年，至少影響了數百位外籍配偶或弱勢家庭的孩子。

在菁寮的十五天，張耿豪歸納出鄉間孩子的日常：一放學就回家，一周去教會一次；當地每週有一、兩次夜市，當攤車推來，小朋友們無不蜂擁而至。在平淡的生活裡，引進數位教育，無異於給了當地孩子一雙信心的翅膀，以及看世界的視窗。從一開始，小學生在當地比賽得名，到市得名，最後拿到全國比賽的名次，「聽說還有一個孩子考上台大電機系，在缺乏教育資源的當地，讓我好佩服。」這些年，張耿豪前後兩度回到菁寮，「我們都還在臉書上保持聯繫。在我還在念中山大學時，這些小朋友曾經來高雄找過我，帶他們去看電影，彼此都好開心。」

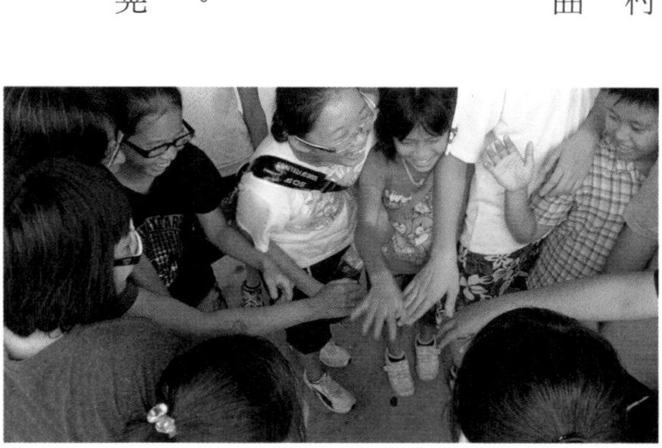

．蹲點，讓張耿豪看到了孩子一雙信心的翅膀，以及看世界的視窗。

張耿豪做過各種志工，他表示，「十五天很短，只能說有顆種子在心中，一直記得要去幫助別人。我看到孩子們因為基金會的資源和老師的關愛，慢慢走出一條自己的路，未必要在學業成就上才能得到肯定，變得更好。」他一直以來的信念是，「能夠看到別人的需要，比較樂於給予，希望看到別人成功，不會老想著我要超越你。蹲點後，更強化了這點，在這當中自己也有所獲得。」他也提醒想去蹲點的學弟妹們：「了解初衷、做足功課、懂得與當地連結。」

勇於嘗試各種機會的張耿豪，大四時，拿一筆獎學金到荷蘭阿姆斯特丹做了半年跟船屋有關的計畫。返台後，因緣巧合地從在船上辦活動創起業來，「一開始都會被欺負，人們會質疑說『你這麼年輕，有什麼人脈？你父親又是誰？』被洗臉很慘。」還不到三十歲，張耿豪已是一家物業管理公司的創辦人，公司兼具租賃公司、顧問公司、公關公司的服務領域，為富人代管飛機、帆船、遊艇等。

相信你們會像蒲公英的種子，乘風而行

「施與受」信念仍深植在張耿豪內心，他透露自己曾很想實踐社會企業理念，「坦白說，這中間有很多迷惘，幾番思考，覺得正好可以運用這些富人的資源，不時鼓勵他們回

．再見了，那曾勾動心弦的南部小村。

饋社會。企業本身未必就是社會企業，而是廣義的推社會企業，把這些概念帶給這些有錢人——不只是你自己好，而是大家共好。」

新世代創業，張耿豪更懂得充分運用科技資源，「YOUTUBE幫我們曝光，有藝人幫我們代言等，一曝光就有幾十萬、上百萬點閱率。」他們還將業務範圍跨到做併購的財務顧問，必須跟房仲一樣要負連帶責任，理清複雜的稅務，找買方與賣方，懂法律合約等，「在台灣餐飲併購上，現在以案件量和成交量應該是前三名。」做富人的生意，張耿豪也不忘借力使力行公益，只要有任何照顧弱勢孩子組織提出一頁的企劃案，經過審核，即可以免費體驗一日遊艇行。

也許目前張耿豪得在北部打拚事業，未能常返回那曾勾動心弦的南部小村，但他未曾忘卻那年夏天要離開時，在初露的晨曦中，將近十個孩子站在教會門口，用水汪汪的眼睛目送他和Jorge，當車子發動時，自己悄悄抹掉的那滴眼淚。孩子們把他們送進火車站內，只說了：「再見，要再回來喔！」

是的，總有一天，菁寮孩子和張耿豪自己會像他在蹲點心得裡寫的：

「相信你們會像蒲公英的種子，乘風而行；

有一天會降落在某個地方，讓生命力延續。」

蹲點社區

台南菁寮教會

看更多介紹

位於《無米樂》的故鄉台南市後壁區，是嘉南平原的魚米之鄉之一。菁寮基督長老教會創於一九二七年，地處村南，與黃家古厝比鄰而居；二〇〇六年，中華電信基金會在此設置第一個「數位好厝邊」，並先以新住民媽媽做為服務對象，結合中華電信台南、嘉義營運處企業志工的能量，教導新住民媽媽電腦課程，並在過程中，導入數位資源予社區、學童，以期提供在地最適切的資源。

已有許多孩子透過數位教育，獲得各級各類獎項，走出環境侷限，從中建立信心與能力。

6

莫忘披上白袍初衷

2012年

（攝影／連慧玲）

打開初衷

蹲點成員：王晴瑩（蹲點夥伴：郭惠軒）

蹲點社區：臺東南迴健康促進關懷服務協會（台東縣）

學校系所：成功大學 醫學系

現職：臺北榮總神經外科醫師

第一次有醫學系學生報名。深受徐超斌醫師啟發的兩人，希望能追隨他的腳步去關懷偏鄉醫療的強烈決心，十五天也給予她們許下畢生要作個好醫師的信念。

看更多

「我覺得是個提醒。我們當時想念醫學系就是一個初衷，現在做得很累，值班不能睡覺，工作上很挫折，也只有這時候，在台東曾參與過的事才會跳出來，想起我們為什麼當初想要去拍片、讀醫學系？給自己一些動力，更朝那初衷近一些。」

曾經每天工作逾十六小時，浸泡在漫漫無盡、值不完的日夜班裡；一個個因各種狀況被送進去的病者、傷者，在醫院廊道穿堂間等待著，年輕的醫師王晴瑩望著那一張張受苦扭曲的臉孔，以及心焦如焚的家屬，行醫不過數年的她已深深體悟醫者的有限與無奈。唯有當被疲憊與挫折籠罩時，二〇一二年那個夏日在台東達仁鄉的情景彷若星點微光——一個身體左側略略傾斜的身影浮現心頭，提點著她：「莫忘當年披上白袍的初衷。」

時至今日，台灣社會仍有著「第一賣冰，第二做醫生」的主流價值觀。打小成長於古都首善之區，課業輕而易舉即名列前茅的王晴瑩，在台南女中三年級面臨選填志願之際，念著家族中無人學醫，若是自己讀醫，一來既可以懸壺濟世助人，且家人若有需要時，也可不假外求有足夠的醫療專業諮詢。立定方向後，她著手閱讀各種關於從醫的種種相關書籍，讀到徐超斌醫師撰寫的《守護4141個心跳》，如一道閃電擊中了她的心。

・在台東達仁鄉的情景，彷若星點微光提點王晴瑩莫忘初衷。（攝影／連慧玲）

親眼見到台東排灣族的史懷哲，更確定踏上從醫這條路

人稱「徐超人」的徐超斌畢業於台北醫學大學，他擁有可直接嗅出「死亡味道」的靈敏鼻子，在奇美醫院擔任急診醫生多年後，決定放下大醫院的優渥薪俸，二〇〇二年返回自己出身的台東偏鄉。把病人擺第一位的徐超斌醫師扛起達仁鄉衛生所主任職務之外，更開著車沿著陡峭山路往裡面的部落跑，親自到缺乏醫療資源的老人家裡看診；二〇〇九年，在行醫途中於大武山急救站倒下。復原後，徐醫師仍挺著左側中風的身體奔走於山野間。

讀著這位履踐史懷哲精神的排灣族醫師故事，「對醫生這職業的不同樣貌有些憧憬，有很多浪漫的想法。」王晴瑩遂參與台南女中文化隊舉辦的阿塱壹古道之行，親眼見到徐醫師後，更確定踏上從醫這條路。

如願考進成功大學醫學系，大二升大三那年暑假，王晴瑩與同學郭惠軒得知「蹲點．台灣」計畫，有個機會可到徐醫師所辦的臺東縣南迴健康促進關懷服務協會蹲點，「想說憑我們對醫療有一點點粗淺的認識，或許可以去當地了解徐醫師做的偏鄉醫療工作。」

兩位在台南、嘉義市區長大的醫學生，進入台東偏鄉最大衝擊是發現都會生活唾手可及的種種方便並非是必然的，「雖然不認為生活一定要有便利超商不可，但去到當地，發

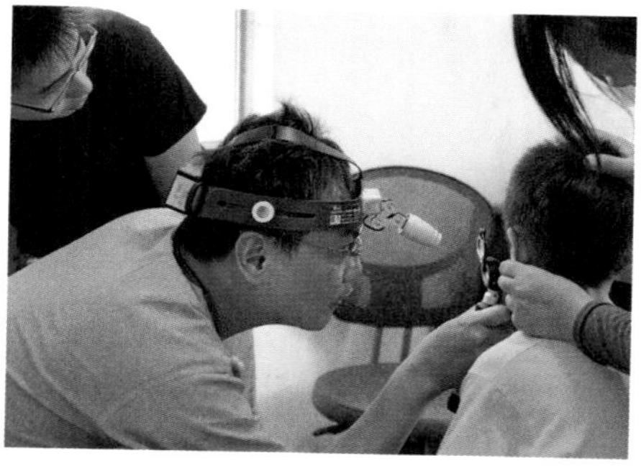

．徐超斌醫師被稱為「徐超人」。

現只有雜貨店，以及開到中午賣炒麵、炒飯讓你吃一餐的小吃店，還有載著麵包、珍珠奶茶的小發財車。」這些經驗對王晴瑩來說，簡直意外極了。

進入部落，徐醫師的熱情讓生嫩不知所措的王晴瑩、郭惠軒兩人迅速融入台東鄉村生活。她們被安排住在協會裡的一間由徐醫師老家所改建的教室。他遷往台東市後，老家擴建成為協會的辦公室以及當地孩子課後輔導教室，每日課後川流進出的孩子在這寫作業、吃晚餐，夜裡就成了兩個女孩打地鋪的「寢室」。

偏鄉醫師其實是心理諮商師

蹲點期間，她們每日幫徐醫師把電腦、設備、藥品載上車，跟著他跑各個部落看診，追蹤老人的慢性疾病，「親眼看到他們醫病之間的淳樸關係，那麼貼近生活地互動，讓我很驚訝。」她認識了有別於大醫院制式化的問診，「徐醫師很關心病人的起居、關心小朋友的考試、還有沒有再喝酒抽菸，日常過得怎樣等。」

徐醫師在部落裡的作為，啟迪了王晴瑩期許自己要當一個良醫的心念，「我覺得偏鄉醫師作為心理諮商師的角色遠比醫療更為重要；家醫科醫師最重要的是深入社區了解他們發生的事，這才是真正會影響健康的根本。」

・臺東南迴健康促進關懷協會課後輔導。

偏鄉的醫療環境除了需要經費外，更高的成本在於人力，當地有徐超斌這樣的醫生固然很幸運，但畢竟一個人無法綜攬所有事。王晴瑩回想二〇一二年蹲點時自己寫的心得，「徐超人醫生只有一個，他有太多事想做，但超人也沒辦法有分身，於是找來了一群居家服務員當他的天使，把愛心宅配到每個老人的家裡。」

彼時跟著居家照護員穿梭獨居老人家中，迄今仍讓王晴瑩印象深刻，「有位獨居的阿嬤，本來可以拄著拐杖自己走動，中風之後的復健進度幾乎停滯；那時，居服員去家裡打掃，陪伴她，鼓勵阿嬤去做一些居家復健，並幫阿嬤訂定復健目標。居服員阿姨說，阿嬤後來每天都有一點進步。」

醫生自己到每個部落去，是滿傻的

王晴瑩想起在台東時，有一個大腿上長了顆大瘡的病人來看診，「徐醫師幫病人把膿包切開來，仔細交代他如何換藥。在台北換藥很容易，但在偏鄉必須去衛生所換藥，沒有交通工具要花半小時才能走到衛生所，如果不換藥傷口可能會潰爛，這中間的接送誰來幫這些老人家？」透過十五天的蹲點，讓王晴瑩知道這些人真正的困難在哪。「其實政府做很多事，只是那些事在執行中到底有什麼困難？中間缺乏那些環節？也只有去了現場看到

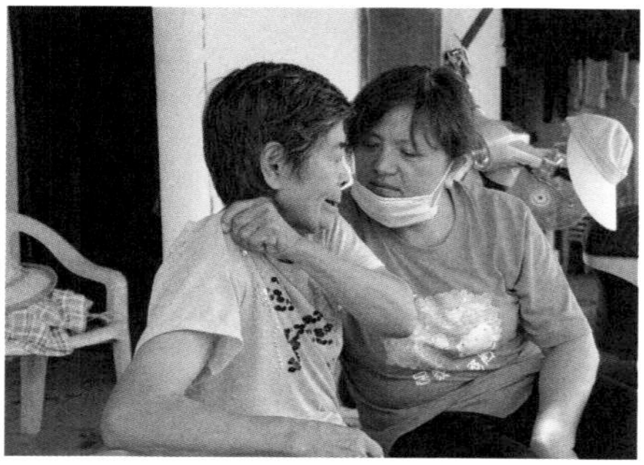

．居家照護員像徐超人醫師的天使，把愛心宅配到每個老人家裡。

才知道。」

有一年，徐超斌醫師到部落人家送中秋月餅，發現當地有逾百位獨居老人乏人照料。當時政府讓台東聖母醫院做居家照護，但老人家並不會去申請，一是申請需要很麻煩的手續，還要額外的錢，導致這些服務無法直接落實在老人身上。「徐醫師的協會就一個個挨家挨戶拜訪，看有沒有人需要這服務；幫他們申請，幫大家把中間的橋蓋起來。」

徐醫師這股勁看在王晴瑩眼中，「一開始，我覺得醫生自己到每個部落去，是滿傻的。」逐漸地，她懂了幫老人送餐、幫他們洗澡、做復健等這些非醫療服務的必要性，也理解徐醫師想在南迴籌辦一個大型醫院的心願，「我看到他真的是用自己的專業在落實這些事。」

被現實環境磨練六年後，王晴瑩有了新領悟，「到這階段，我才知道原來在這領域有那麼多可追求的選項——發表論文、做很多研究、專精在某一個領域等；他還是選擇回部落，其實是需要很大的動機。」在徐醫師環山一星期等於環台一周的車程裡，僅憑藉著可以自主的右手右腳，顛簸於蜿蜒的山路，每週驅車往台東基督教醫院看急診，推動在地健康觀念等；此時，王晴瑩更懂得堅持的不容易，「在徐醫師心裡面沒有人可以撼動他，覺得台東就需要這些事情，除了他也沒有人來做，雖然他也是那邊長大的人，看似理所當然，但他為地方的付出遠遠超出想像。」

・看到徐超人醫師用自己的專業深耕這麼久。

給自己一些動力，更朝那初衷近一些

醫學系畢業後一直待在大醫院的診療環境，王晴瑩坦承看診難免會倉促，「台東蹲點影響我的是，對弱勢有比較多的同理，所謂的弱勢未必是經濟上的弱勢，而是他們大老遠來，會比較可以理解這些人的辛苦。」縱使匆促，她仍希望自己盡可能將心比心對待病人，「病患在家庭生活和醫院之間的狀況，讓我最有感；而醫病之間對疾病的知識與了解有極大落差，例如得到蜂窩性組織炎、敗血病等到底是什麼狀況？我比較可以理解這些需要更多的解釋，也比較會關心後續的照顧。」

短短的十五天蹲點，對王晴瑩現在的職業生涯，「我覺得是個提醒。我們當時想念醫學系就是一個初衷，現在做得很累，值班不能睡覺，工作上很挫折，也只有這時候，在台東曾參與過的事才會跳出來，想起我們為什麼當初想要去拍片、讀醫學系？給自己一些動力，更朝那初衷近一些。」

從高中時，懵懵懂懂知道學醫會有多辛苦；直到踏入醫界後，王晴瑩方知自己那時的想法只是概括性的，過程難免有些衝擊、不適應與害怕。她透露自己前陣子還碰到徐醫師，「有跟他交待我們兩個人的近況。他對我們的影響是個標竿與典範——可以深耕在一個地方這麼久，對那邊的老人小孩一直堅持照顧著。但你說我是不是要變成他那樣？暫時

．踏實地待個兩個禮拜，享受在那邊的生活。

我還不是，還可以再進修，再想想。」

「我們都以為去辦個營隊待一個月，就可以對那邊的孩子產生影響。」相較於徐醫師的堅持，王晴瑩認為大學生所想像的偏鄉都是很片段的，「現在回頭看，我想跟大家講，更享受在那邊的生活，踏實地待個兩個禮拜，才是這件事情的核心，比起要交一份作業更重要。」

蹲點社區

臺東縣南迴健康促進關懷服務協會

看更多介紹

曾在八八風災時受到重創的台東縣達仁鄉土坂部落，為社團法人臺東縣南迴健康促進關懷服務協會所在地，這座排灣族部落有著全台保存最完整的五年祭——每五年辦一次的竹竿祭。部落位於大竹溪畔，是深山毛蟹出海必經之地，部落因而被稱為「毛蟹的故鄉」。部落景致絕美，惟仍不免落入青壯外移，部落人口老齡的命運。

主要聯外幹道為南迴公路與台九線公路，長達一百公里沒有任何一家醫院，徐超斌醫師以完成「台灣醫療最後一環」籌措建辦南迴大型醫院，除了照顧部落的老人和小孩，更期許「要改善這裡的生活」。

7

找到溫柔的方式 讓自己絕處逢生

2013年

（攝影／連慧玲）

打開初衷

蹲點成員：李佳芸（蹲點夥伴：陳虹羽）

蹲點社區：溪底遙學習農園（南投縣）

學校系所：政治大學 地政系

現職：三陽不動產駐越南業務

即使當時的環境那麼困難，他們都還是有辦法找到溫柔的方式讓自己堅強起來；相較之下，好像自己有點身在福中不知福，明明我有很多資源，但我為什麼會覺得自己很沒希望呢？如果溪底遙都能站起來，為什麼我不行？

看更多

「像惠玲阿姨的父母都在地震中雙亡，但他們很堅強的站起來，而且用充滿希望的態度生活著，讓我覺得好特別，就是一股絕處逢生的力量，雖然生命走到低谷，卻不放棄。台灣很需要這種精神。」

閩南語的「好笑神」，大概就是形容擁有李佳芸這種嘴角總是上揚的面容，看到她盈盈笑臉，多數人都會卸下心防。政大地政系畢業後第二年就前往越南工作，且深深融入當地的環境與文化，應該可以說是當年那十五天蹲點溪底遙的延續吧。

從大一開始，李佳芸就是政大嘉義雲林地區校友會返鄉服務隊的一員，在嘉義雲林地區的偏鄉帶營隊，「那時候，覺得蹲點這個計畫比較特別，以往我參加的偏鄉關懷路線都以教育為主，我們蹲點選擇南投的溪底遙學習農園，則屬於農業關懷。」

不知道原來它是那麼小的一個點

「這世界不是缺少美，而是缺少發現。發現台灣角落的美麗，並透過鏡頭讓更多人也能共享這份感動是我報名蹲點的初衷。」當年李佳芸寫在蹲點心得裡的一段話，日後回望在那十五天，果真沒有白來。與她組隊的夥伴為政大社會系的陳虹羽，兩人是嘉義女中同學，都非傳播相關科系，也沒什麼拍片經驗，卻抱持著「有機會嘗試一些不一樣的體驗多麼好」的態度提出申請，填了多個以農業為主的志願。

被派到南投，對她們來說是全台最不熟悉的地方，果然一到了當地就迷路。「我記得當時我們搭公車到了中寮溪底遙外，因為找不太到路，我們還拖著行李箱走呀走的。」一直到有座看似九二一地震重建後新建的類似三合院庭院在眼前，「哇！跟我們想像的不大一樣。」都市長大的她們原以為目的地可能是被圈在一片土地上的大片觀光果園，「沒想到這『農園』是指一個概念，溪底遙學習農園的組織是以一個點，去說服那些有地有果樹的農民改作無農藥種植。我們不知道原來它是那麼小的一個點。」

被安排住在溪底遙辦公室裡打地鋪，也讓李佳芸深感時空變化的迅速。他們看過第一屆蹲點紀錄片，當時社區小孩比較多，在社區圖書館辦過電腦等課程；第五屆才又再次有人蹲點溪底遙，「跟我們想像有點落差的是，這個圖書館幾乎已經沒有功能了。四年以後，當年的小孩已經長大了，孩子也變少了，就變成我們的臥室。」留在當地的孩子，假日行程都變成游泳課、跆拳道課等，李佳芸有點惋惜地說，「已經像都市孩子的補習班。小孩會想要跟我們借手機去滑，可能也因為時代改變了吧！」

當地農民的果園各自分布在中寮的不同山上，在一個定點根本看不到集中的果樹。如此幅員遼闊，可以想見溪底遙工作人員得踏遍滿山，「可以想像他們的工作有多吃力。」

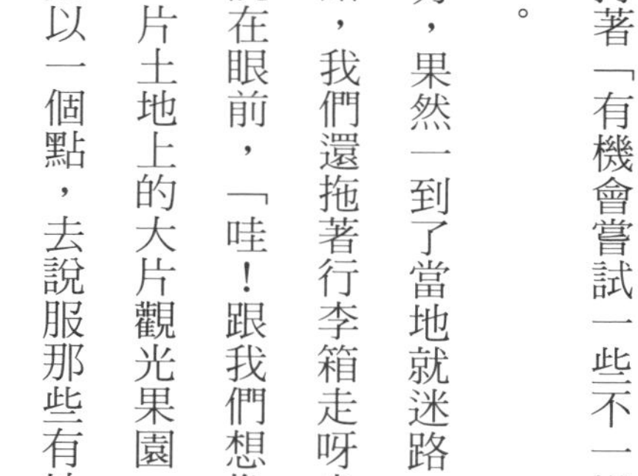

．到了當地就迷路。

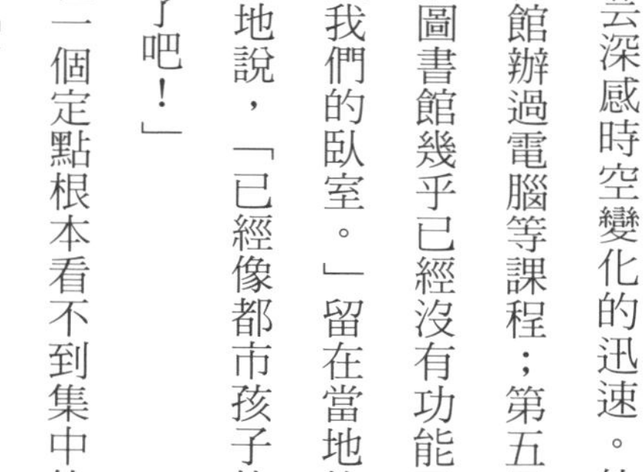

．溪底遙龍眼開花了。

李佳芸說，原本就產柳丁、龍眼的中寮在九二一地震後，「開始做龍眼醋、柳丁醋，我們也幫忙包裝。瓶身上的貼紙、瓶外的一層紙，以及產線都是靠手工。」

那片土地，是他的家，更是家族的根源

面對殘破的家園，中寮農夫在震後站起來，願意從慣行農法改作無農藥種植，讓李佳芸銘記在心，「對那些堅持覺得滿感動的。尤其像龍眼是比較野性的水果，不灑農藥可能還好，但柳丁如果不灑農藥，就會被蟲叮咬或在裡面產卵，最後潰爛。我一直記得有一位種柳丁的農夫昌輝叔叔，居然願意不灑農藥。」

改作無農藥種果樹，等待土壤變健康，可能要熬過前幾年連年歹收成，「其實今天不噴農藥，他已經能豐收，他卻肯花整整六年的時間等待。」縱使過了數年，李佳芸仍未忘記農夫昌輝說的。「他覺得那片土地，是他的家，更是家族的根源，安身立命的所在，他必須要好好的守護這塊地。對比於現在的社會可能很快就要得到利益和收穫下，要花個幾年虧錢，簡直就是白做工又血本無歸。而昌輝叔叔只為了一個理念，希望這塊地可以長久留存——那時候覺得好感人呀。」

柳丁在台灣價格向來不好，有時候便宜到一斤可能一、兩塊錢，種了一年入不敷出。

・果園廣布在中寮的各個山上。

・種柳丁的農夫昌輝堅持不灑農藥。

不像去上班，每個月至少有固定的報酬，但這些農夫們仍繼續種著。

「我記得種龍眼的惠玲阿姨說，她爸媽在九二一過世了後，留下了滿山龍眼園，但家人都嫌說龍眼長太高，人力成本高又賺不了幾個錢。」問了幾個哥哥弟弟都沒有人有意願接，惠玲是家裡唯一的女兒，覺得這是一個使命感，就接下來做。李佳芸佩服地說，「她願意接受無農藥種植，然後採摘加工後，讓溪底遙幫她做銷售。」

惠玲的家在溪底遙農園附近，每晚，附近親友鄰居聚集在他們家庭院，來幫忙剪龍眼，再丟進燻窯烤龍眼乾，「鄉下鄰里的互動非常緊密，惠玲阿姨的龍眼乾要烘三天三夜，原來我以為一個很簡單的龍眼乾，她真的用龍眼木去燻呀！完全跟用電窯燒的不一樣！」也因為親身經歷親眼見過，即使李佳芸已出社會，因工作不時得奔走台越兩地，她仍會透過網路買中寮的龍眼醋、柳丁醋，以行動支持那曾經感動她的農夫。

待在不同的生活方式裡猶安然自得

讓李佳芸忘不了的還有一位種帝王柑的蕭秋文阿伯，約七十來歲，「我一直記得他的孩子都是女兒，聽他說到有朋友在噴農藥時中毒倒下。他想一想女兒沒人要承接這塊農地，太太年紀也大了身體又不夠硬朗，怕哪一天萬一噴農藥出了什麼意外。他覺得這樣很

・鄉下鄰里的互動非常緊密。

・惠玲採摘龍眼加工後，交給溪底遙幫她做銷售。

不妥，就主動去跟溪底遙洽談、接觸。」她說，「我覺得這滿酷的！很少人年紀這麼大，還願意去改變農作習慣，去做有意義的事。」

之前曾蹲過點的學長姐警告她們說，「可能會很累！蚊蟲很多喲！」但兩個大女生認真融入中寮生活，大清早搭著農夫的貨車，坐在載貨區的板凳上；午後下山時，兩人就坐在龍眼堆裡，叩叩叩地晃下山，怡然自得地隨著農夫們日出作、日落息，「我跟虹羽兩人的目的，想說在那十五天裡面，要好好了解這群人的生活，傾聽大家的聲音，希望可以看到最真實的一面。」

兩人安心隨緣未曾抱怨生活的不便，「那時候最大的感覺應該是，要設法和不同背景的人溝通，包括語言上的轉換，或是待人的方式。當你用他們的語言與溝通方式去交流時，他們就願意用最坦率地方式跟你互動，就是那種互動的感覺啦！」這也是她後來赴越南工作和跑遍南越二十四個地方旅遊，前後歷時兩年卻毫無適應問題的原因；她用越南人的方式生活、交際，當他們的朋友，「後來我在越南真的有很多朋友，蹲點教我去怎麼跟不同類型的人交朋友，怎麼去看待不一樣的生活，沒有誰高誰低，就只是你怎麼樣待在不同的生活方式裡，很安然自得。」

溪底遙還有一個打動李佳芸的特點。九二一時，中寮深受重創，有一個觀察讓她很震撼，「像惠玲阿姨的父母都在地震中雙亡，但他們很堅強的站起來，而且用充滿希望的態

・水果盛產時，溪底遙中寮就設法製成加工品產，如龍眼醋。

度生活著，讓我覺得好特別，就是一股絕處逢生的力量，雖然生命走到低谷，卻不放棄。台灣很需要這種精神。」對比於都會年輕人，李佳芸有很深的感觸，「大學時，大家都在說我們是魯蛇世代，好像也不知道在讀什麼書，畢業後工作薪水還是很低。」被絕望氣氛籠罩的她們，在蹲點後，除了心存熱情不一樣之外，「我還有一個反省，即使當時的環境那麼困難，他們都還是有辦法找到溫柔的方式讓自己堅強起來；相較之下，好像自己有點身在福中不知福，明明我有很多資源，但為什麼會覺得自己很沒希望呢？如果溪底遙都能站起來，為什麼我不行？」

蹲點，開啟了李佳芸一扇新視窗，也讓她重新認識自己想要的。

面對生命中的無常無奈，卻不沮喪

大三的寒假，讀地政系的她到嘉義縣朴子地政事務所實習，「我發現自己可能不適合公務員生活，就決定不考高考。」雖然決定不考地政公務員，卻不清楚自己要走什麼路？因為蹲點部落格的優質寫作，大三升大四時，她有機會當《商業周刊》的實習記者。「如果沒有蹲點的話，我可能就不會有勇氣相信自己可以寫，或是可以做比較深刻記錄的人。」她發現自己有著比較敏銳的觀察力，也能很快地與人建立關係，「讓別人願意把最

・蹲點，開啟了李佳芸一扇新視窗。

・中寮果農在震後站起來，願意從慣行農法改作無農藥種植。

真實的一面交給你，如果沒有經過蹲點的這個訓練，我可能也不敢去申請這樣的實習機會。」

在父親的鼓勵下，李佳芸大學時修了越南語和印尼語，也趁著剛畢業的幾年，隻身遠赴越南工作，那也是透過蹲點經驗，了解趁年輕去壯遊是多麼可貴，「長這麼大，要到一個陌生地方，跟別人一起生活這麼多天，非常難得。」

在九二一之後，作為農友們夥伴的溪底遙農園工作人員開著車，上山下海對中寮農夫的耐心投入，固定在星期四拜訪所有合作農友的果園，除了探視定期追蹤的果實情況，也與農民們討論當週在栽植上所遭遇的問題。這些看見，觸發了李佳芸心底擱著想要作社會企業的心願，「可是如果你沒有專業，一旦要你扛下它時，你可能是會搞砸它！我知道自己還得要再努力！」

渾身散發正向能量的李佳芸透過農村蹲點，從在他人眼裡可能是無趣的事件當中，感知了裡頭所蘊藏的豐富情感，學會堅持理想，面對生命中的無常無奈，卻不沮喪。她為自己的生命出口找到答案，正在身體力行中。

蹲點社區

溪底遙學習農園

九二一地震之後，由中寮地方居民廖學堂和外來參與重建的馮小非、官欣儀，共同發起「溪底遙學習農園」計劃。一起出資租地，種植柳丁、鳳梨和龍眼等作物。溪底遙是一個農業學習場所，農夫在地學習友善土地的耕作方式，民眾則可至此親近土地，看看農作物成長的過程。

為了土地、農夫的生活、消費者的安心飲食，「溪底遙學習農園」推廣有機農業，透過網路銷售水果與農產加工品，並進一步成立社區學園，讓孩子可以來讀讀課外書。

看更多介紹

8 教孩子認識家鄉是成長的養分

2014年

（攝影／連慧玲）

打開初衷

蹲點成員：區家頤（蹲點夥伴：賴亞琪）

蹲點社區：永樂社區（屏東縣）

學校系所：清華大學 幼兒教育學系

現職：桃園石門國小附設幼兒園幼教師

被夥伴那句「發揮彼此所長」打動，當時全身像被一股正面積極的能量打通任督二脈似的，兩人毅然決定把蹲點當做大學最後一個暑假的重點目標之一。

看更多

「他們就像蓮霧樹一樣，種在那裡一輩子。」自己好像到哪裡都可以，這邊工作環境不好就換環境，也不知道自己的根在哪裡。「他們卻是，從小在這長大，不管發生什麼事，再復甦起來就好了。」

散發著透明光澤的肌膚，緊緻得像十七歲女孩，細緻玲瓏的區家頤，若不是眼神裡的一抹成熟，壓根看不出已經擔任幼兒園老師三年，「說起來這也是一段心境曲折的過程。」談起念新竹教育大學大三升大四那年，在國中、高中同學賴亞琪的提議下，展開了兩個充滿理想性女孩的「綠野仙蹤」——踏入語言不通、全然陌生的國境之南。

二〇一四年，區家頤和賴亞琪已認識九年，雖然大學各自在不同學校、不同科系就讀，但兩人一直交換著彼此對於各自學習領域的看法，相信並想像著摯友在她的那片天地所堅持的初衷，戮力從點點滴滴累積而來的能力中實踐理想。

最後一個暑假的悸動

還搞不懂什麼是「蹲點」的區家頤，被賴亞琪那句「發揮彼此所長」打動，當時全身像被一股正面積極的能量打通任督二脈似的，兩人毅然決定把蹲點當做大學最後一個暑假的重點目標之一。在雲集高手中，居然能在複審脫穎而出，兩個女孩既興奮又無法置信地奔向屏東縣林邊鄉永樂社區，這個以種蓮霧和養殖業為主的南國村落。

猶記得第一天，兩人拖著塞滿教具和器材的行李，輾轉來到福記古厝，熱情的孩子們不由分說地拉著兩位姊姊七嘴八舌地介紹古厝和蝴蝶園，體力用不完的孩子們還讓她們陪著玩了一個下午的激烈運動。

本來心裡仍怕怕的區家頤，耳邊充斥著「姊姊、小歐（區的姓氏讀音）姊姊」的童音，對她來說簡直是心靈解藥。儘管大家都很友善熱絡，兩人到的第一晚，鄉人們澎湃辦桌，透過這樣的開場，隆重地向眾人說：「這是我們蹲點的學生。」還一一介紹她們的名字，讓她們覺得很被看重；但或許因為語言關係，區家頤心底還是很沒安全感。比較沒有鄉村生活經驗的她，仍像個有點戒心的外來者。

台語障礙，又不擅長拍片，心內怕怕

一方面有台語障礙，又不擅長拍片，雙重自我否定，讓區家頤度過很不自在的前二天。她的彆扭也傳給夥伴賴亞琪，很有智慧的亞琪對她說，「拍紀錄片最重要的是真誠待人的態度，而不只是會操作專業器材。」這番話醍醐灌頂般讓區家頤發現阻礙她的並不是

．小區和夥伴帶孫子玩創意美勞。

語言，而是她內心的畏懼。

被夥伴點醒後，區家頤露出好逗陣的本性，即使碰到想採訪的農夫充滿戒心地質疑說：「妳們要幹嘛？」她也不再退縮，反倒能同理有些農人常常被人騙，「我們很自然而然跟他們聊天，不急著拿出攝影機來。」

自己的心防卸下後，區家頤住在永樂社區活動中心的福記古厝裡，晚上得摸黑梳洗也不害怕。「早上起來，活動中心很熱絡，每天都有老人家、小孩在那乘涼聊天玩耍。早晨都被小孩的嬉鬧聲叫醒，在那邊和他們聊天，就好像社區的一份子。」

只是永樂社區已經歷過多次蹲點拍攝，區家頤她們絞盡腦汁思考紀錄片主題。成天在抓不到方向中焦慮不已。眼看過了幾天，她們決定將觸角伸向未知的人物。一開始兩人在蓮霧園亂走亂逛，看到有人就下去問說：「嗨！你們在幹嘛？」還好小女生模樣的她們，農夫們多數都會停下手邊工作聊一聊。

他們就像蓮霧樹一樣，種在那裡一輩子

直到有天，誤打誤撞跑進了王雪阿姨和福杉伯的蓮霧園，兩位健談的農夫讓區家頤和賴亞琪決定鎖定他們為拍攝主角，「早上五點，就起來去他們的田裡面，和他們一起剪

・福記古厝廣場很熱絡，是老人與孩子的社交中心。

枝、蓋網、吃早餐。」區家頤透露，「跟王雪和福衫伯到中午再吃個飯，下午回去睡個午覺。」入境隨俗過著完全像當地人作息的步調，起床後再帶孩子的藝術課程，「晚上就很多攤，到處都有人請。」她還記得，有時中午會到市場買菜請他們煮，「王雪阿姨還在蓮霧田裡生火煮油飯呢！」

嫁來林邊才開始跟著丈夫學種植蓮霧，從王雪身上，區家頤體悟了農家女性的韌性，「當時王雪阿姨說她一開始覺得蓮霧，並沒有像人們說的有收入，可以讓一家子過生活。」那時，她們聽著王雪述說著：「有好幾年蓮霧真的沒有收成，準備蓋網時她最害怕下雨，八八那年損失了二、三十萬……」王雪那張笑瞇瞇的臉仍映照在區家頤心頭，「如果人家說你們蓮霧好好吃哦，聽了心裡就很舒服。」那句讚美化解了一個農婦的所有辛苦。在蹲點心得裡，她寫道，「我看到的是一個女人視蓮霧為她的孩子，含辛茹苦地、無怨無悔地努力將它們扶養長大，還有著做為蓮霧的母親的驕傲。」

以往並沒機會接觸老人家的區家頤，被這些農夫們經歷八八風災的堅毅感動，看著當時照片裡整個都淹沒了，所有身家都沒了。她開始省思：「自己好像到哪裡都可以，這邊工作環境不好就換環境，也不知道自己的根在哪裡。他們卻是，從小在這長大，不管發生什麼事，再復甦起來就好了。」區家頤說，「他們就像蓮霧樹一樣，種在那裡一輩子。」

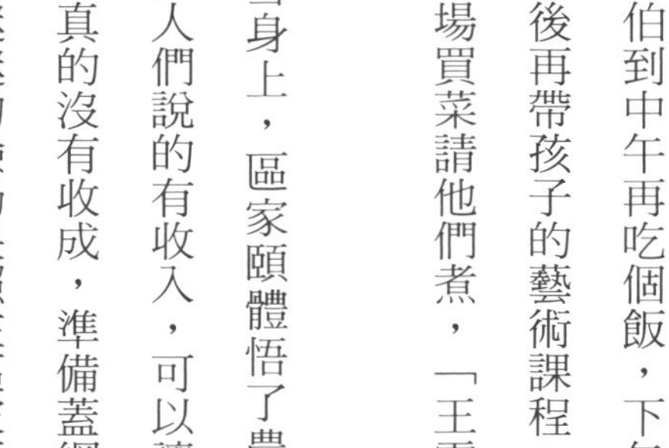

．清晨就去果園裡幹活。

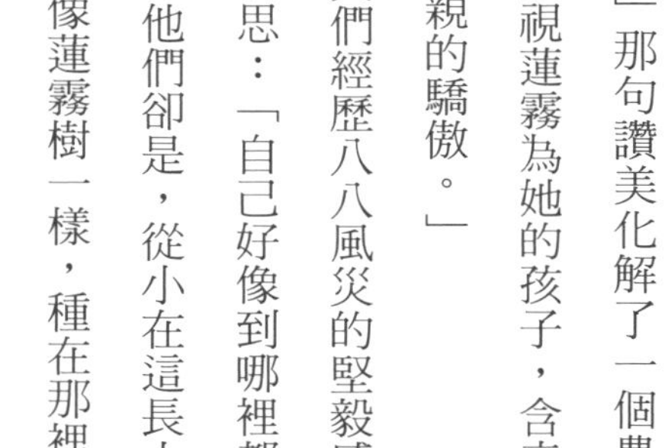

．在蓮霧田裡生火煮油飯。

我會站在蓮霧田最靠近火車軌道的地方跟妳們揮手

林邊人的經濟與生活都靠種黑珍珠，八八風災後得要三到五年才能復耕，「中間這段等待的時間，可能有人年紀太大了，根本等不及，就把農地轉給台電種電去了。」區家頤採訪時問王雪，為何沒有改種電？經濟收益不是比較好？得到的回答是：「阿爸把這農地交給我們，這是祖先交給他的，割地就好像割一塊肉一樣。」

像王雪這樣的鄉村小人物，往往抱持一個最簡單卻最可貴的信念持守著。她還有個心智僅七、八歲的過動症成年兒子阿益，區家頤聽說過阿益曾偷藥吃送醫急診的故事，談起來，王雪卻十分淡定，「其實每一件事情都是一樣，都有正面和負面啦，你要往正面的想。」面對困難時依然勇往直前，憑著最單純的善念繼續前進，讓區家頤真正見識到所謂「南部人的熱情」與溫柔的母愛，不知不覺地影響著她，「著實地增加了我對農民、對於這塊土地的體悟，更重要的是，往後的每年，我知道多了一個要回鄉的家：那就是林邊，這個對待我們如子女的娘家。」

現在，區家頤任教於龍潭公立幼兒園，從蹲點學到的拍攝技術也用來記錄孩子們的學習。「現在常常需要和學生家長溝通，生活經驗中長輩比較少，蹲點讓我有機會跟長輩相處。」當年，被林邊深刻的土地認同觸動，她暗暗許下心願，「以後我當老師時，要把土

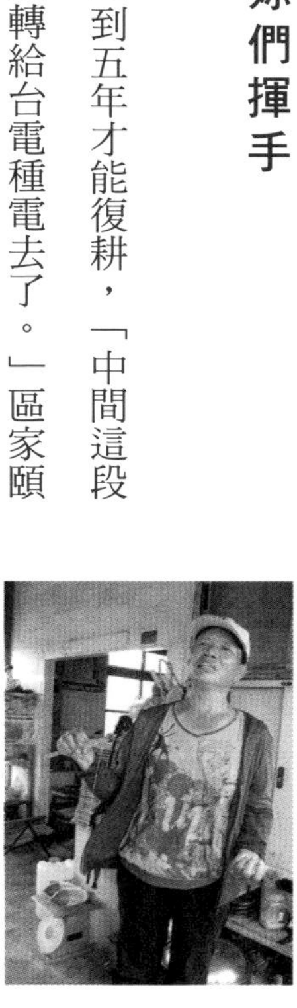

・王雪身上有農家女性的韌性。

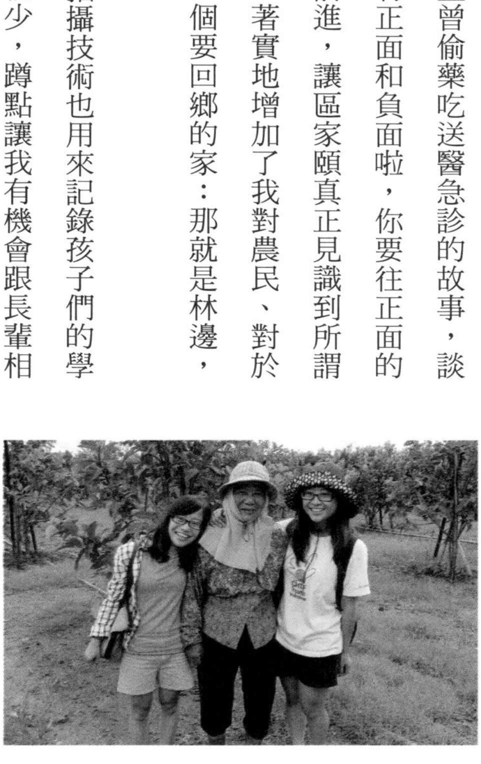

・王雪視蓮霧為她的孩子，有著當母親的驕傲。

地認同放在我的教學上。」如今她已開始落實了，運用在地資源，「怎麼教孩子認識家鄉是很重要的事，是他們成長一條非常重要的根。」

父親來自香港，母親是台灣人，因為自己生長在香港與台灣兩種不同文化間，「讓我覺得要把握機會去旅行，像去蹲點也是去鄉間旅行的概念，多接觸不同的文化，對別人的文化有感覺，對自己的文化也會有感覺。」

印象猶深的二〇一四年八月八日，要離開林邊當天，有個小二男生很喜歡姊姊的陪伴，常常跟著她們，看著姊姊們要離開，男孩說：「祝妳幸福！」還有，王雪阿姨說：「我會站在蓮霧田最靠近火車軌道的地方跟妳們揮手，記得要看我。」那天坐在火車上看著一個小小的人影在蓮霧田奮力地跳躍揮手，她們偷偷地濕紅了眼眶。

・都是阿公阿嬤在種田。

・區家頤把感受到的蹲點精神，用在她的幼教領域上。

蹲點社區

屏東林邊永樂村

國道三號林邊交流道左轉接台十七線，跨過鐵路平交道，進入林邊鄉後左手邊即是永樂村，村內種植的黑珍珠蓮霧，為永樂村重要作物。

永樂村是高齡化社區，四十五%的居民務農維生。

社區自從八八水災嚴重受創後，深知環境保護的重要性。社區深耕營造環保，以調整人們對於環境的心態，將社區中心規劃成為鄉內多元學習場域，打造社區教育農園。

看更多介紹

9

在那裡實現了，完整了自己

2015年

（攝影／連慧玲）

打開初衷

蹲點成員：劉喜豪（蹲點夥伴：林楷欣）

蹲點社區：路上教會（彰化縣）

學校系所：國防大學 政戰學院新聞系

現職：新竹關西新訓中心輔導長

想在大學的最後一年暑假，用盡全力「奉獻」，親身履踐，用心去關懷、發現各個角落的他或她，生命需要發光發熱，正如燭火照亮你我的視野。

看更多

當初想法是為了被想去實習的媒體接受，打算掙錢換一台好的相機，到處去參加比賽，充實自己的經歷。若能拍攝紀錄片，應該可爭取到媒體實習的好成績。在暑假只剩下三個禮拜，奔往這個讓他們第一眼心裡嘀咕為「真是鄉下」的偏鄉。

「個性活潑開朗帶點天真無邪，是一位土生土長的客家子弟。」二〇一五年，作為第一個軍校大學生參加「蹲點．台灣」的劉喜豪在申請書裡如此自我介紹。幾年後，已官拜中尉，面容依然純真得宛如鄰家大男孩的模樣，很難與擔任兩千餘位菜鳥新兵的輔導長聯想在一起。

大三升大四的那年暑假，國防大學新聞系學生劉喜豪面臨得找媒體實習的關頭，「當初想法是為了被想去的媒體接受，打算掙錢換一台好的相機，到處去參加比賽，充實自己的經歷。」劉喜豪坦承說，「那時，同時軋很多個剪輯比賽，根本沒想到可以被遴選上。」

劉喜豪與夥伴林楷欣把自己的行程安排得滴水不漏，在七月跳傘訓練一結束，暑假只剩下三個禮拜，立刻奔往彰化縣芳苑鄉路上村，這個讓他們第一眼心裡嘀咕為「真是鄉下」的偏鄉。

與夥伴林楷欣同樣是鄉村長大的孩子，劉喜豪七歲就被阿公、阿婆帶回苗栗大湖，自幼最熟的農作物就是草莓與稻米。這兩人齊心打定主意要挑個最鄉村的地方蹲點，聽著基金會介紹每個蹲點社區的狀況，「連社區發展中心都沒有的路上村，顯然是非常偏僻。到了當地，果真夠鄉下，六點天一黑就看不到路人。」

盡可能把自己想像成一張死白的紙

或許是本身性格使然，劉喜豪打定主意以入境隨俗的態度參與十五天的路上生活，在蹲點心得裡，他寫著，「確認入選第七屆『蹲點・台灣』開始，我便開始『忘』——忘掉既有生活裡的文化模式，盡可能把自己想像成一張死白的紙。在抵達後，以當地習慣、步調、生活，任憑那裡的一切為我上色，沒有過多的預設立場。沒有計畫，便是最好的計畫，我是這麼認為的，帶著勇氣和自信便已足夠邁出第一步。」

彰化路上，整體發展緩步若牛車。在去之前，劉喜豪即聽說：「這個盛產花生、牛奶和雞蛋的偏鄉小鎮，也是許多黑白兩道的發跡地。」他們上了火車一路到田中，轉搭客運開一個多小時抵達二林，再由教會的傳道來載他們前往路上。

甫在教會卸下行李，兩人即開始走識這座鄉鎮，「唯一的店就是一家柑仔店，到了傍

・村子裡都是老人和小孩。

晚六點就打烊。」劉喜豪回溯道，「整個路上社區放眼盡是老人與小孩，多數年輕人選擇離鄉赴外地工作、求學，勞動人口大量外移，社區人口老化及隔代教養等諸多問題，留下來的人默默地被動地接受命運。」

拯救老屋以及一個被遺忘多時的夢想

八月的清晨，鄉裡的老人家幾乎都在剝花生，那是他們賴以維生的經濟來源，劉喜豪感慨地是，「農產品可以仰賴農會和農民的努力，共同打造一個在地的品牌，使它們重生並賦予展現的舞台；但我們的上一代和下一代，誰又會想到他們何去何從？或許，他們正是城鄉差距中的被忽略者，缺乏活力，甚至是生命力。」

對整個路上社區來說，教會就是一個與外界往來的窗口，透過教會引進一批接一批的微客志工進來，卻由於資源實在太缺乏了，連個志工宿舍都付之闕如，「我們在路上社區做最多的並非拍紀錄，而是做體力活。」

一位村民捐了一幢四、五十年的老房子，就像個「被忽略者」般，老屋被壁癌侵蝕包覆著，牆面早已斑駁，裂縫像攀藤般四處蔓延，閒置整整二十餘年無人聞問，早成了蛇蟲鼠蟻的棲息地。當時教會迫切需要志工住處，「我們並沒有想太多，就是實現自我。」兩

・八月的清晨，老人都在剝花生。

人加上邵以諾傳道（人稱諾哥）齊手把那整幢破爛的房子整理到可讓人住。

「我們蹲點時的路上社區是一個比較不敢於夢想的地方。」這是劉喜豪的觀察，而諾哥可能是路上社區少數仍敢勇於作夢的，諾哥認為：「當初這幢房子被蓋起來時，建造人一定有他的期待在，只是經過時間後，這幢老房子也漸漸被遺忘。我們希望可以做一個開頭的創舉。可能有很多人認為老房子沒有什麼價值，但我們開始整修這老房子，路上社區就會因為我、因為這些志工而改變，這改變也許不是一下子、一兩個禮拜就看得出來，可能需要一、兩年，能量匯集出來後，這地方就會產生極大的改變。」他的看見感動了這兩位蹲點的大男孩與微客志工們，決定陪他一起做夢，劉喜豪說「我們拯救的不是一棟被荒廢二十餘載的老屋，而是一個被遺忘多時的夢想。」

從披土、上漆、防漏等細節，到床組的組裝、電燈的架設及門窗的安裝等，就靠這幾個毫無經驗的素人現學現賣，「每一個動作都蘊含著源源不絕的活力，注入老屋的每一寸肌膚，使它逐漸重獲新生，彷彿都能感受到它的呼吸，一吸一吐之間都充斥著生命力。」翻閱劉喜豪當年寫下的感性心得，他還記得，最困難的工程莫過於補牆，牆面長期被水滲透侵蝕，早已變得坑洞遍布、殘破不堪，得靠扎扎實實地填補每個坑洞、每條裂縫，再持刮刀輕輕地抹平。

整修老屋之前，路上社區的鄉親認為何不募一筆經費，來整修老屋或拆掉重建，比較

·喜豪跟夥伴楷欣，合力整修老屋。

乾脆省事，也無須勞師動眾投入這麼多志工和時間。但以諾傳道卻認為，「一幢不被看好的老房子，就好像這裡的人是不被看好的，認為沒有出息的人才會留在這個地方，就如同這幢老房子。」以諾傳道想藉由親手改造這幢老屋的新面貌，讓路上社區看見，「只要願意注入他們的生命力、勇於作夢，改變就會點點滴滴發生。」

當老屋逐漸退下龍鍾老態，所展現的新貌彷彿宣告內心的夢已然成真，那不只是以諾傳道的夢，也是曾參與過的志工的夢，這幢重生的老屋以一個嶄新的面貌站立在路上社區。

多年來，路上社區也隨著時代變化，只是相對於城市發展似乎較緩慢。但志工所帶來的新衝擊，仍起了催化、引導作用，使路上由內而外變化，加速路上自身朝著更完善的方向走，特別是下一代的改變。

就算走出去一次也好，去看看外面的世界

有次劉喜豪和夥伴林楷欣為路上教會的兒童團契辦一場打水仗遊戲，問起孩子們未來要做什麼？答案完全有別於其他偏鄉孩子都抱持著準備離開故鄉、到外闖蕩的夢想，「他們居然都選擇要跟阿公阿嬤或爸爸在一起！認為讀書好像沒辦法改變他們的命運。」孩子

・喜豪跟楷欣從披土、上漆到防漏，樣樣自己來。

們的答案，讓劉喜豪震驚不已。

「就算走出去一次也好。」在他們要離別前，劉喜豪特別向姑姑的建設公司和新竹市建築師公會募資，請他們贊助包括門票、便當、遊覽車的費用，讓來往路上教會的鄉親得以攜家帶眷到新竹綠世界一日校外教學，劉喜豪強調：「就是讓他們離開那地方，去看看外面的世界。」

「語言不通」反倒讓讀經班活絡起來

回溯甫到路上村的前幾天，劉喜豪與夥伴埋首在老屋修繕工作，接著就是小孩的課後輔導，以及週日青年日和團契，加上晨間的台語查經班。他在南部念高中，自以為浸泡在台語世界，到了路上教會，參加台語查經班，才發現自己的台語根本說不輪轉。劉喜豪回憶「每當我嘴巴張開卻無法發出聲音，搭配滑稽的肢體語言時，總有教會長老奶奶會殷切熱心地解救我。」在讀經班裡，不僅不會因為「語言不通」有所隔閡，反倒是因為他頻頻鬧笑話，把大家逗得笑到東倒西歪，讓讀經班活絡起來。

透過這些接觸，路上鄉民立刻認識這兩位大男生，這也是蹲點給劉喜豪帶來的影響之一，「最重要的是你必須與人互動，就像我現在當輔導長工作一樣，你不斷在接觸人。有

・邵以諾傳道比較像里長、社工。

點像我的職前訓練，進到教會就會接觸到各式各樣的人。」

路上教會與代天府比鄰而居，而當地民眾既跑教會，也往廟裡去拜拜燒香，「覺得教會像當地的里民互助會，是里民聯絡感情或舉辦活動的地方，傳道比較像里長、社工。」伴讀班孩童及送餐的老人家幾乎都還不是基督徒，覺得很奇怪的劉喜豪忍不住問諾哥傳道說：「這樣會不會有衝突？」得到的答案是：「不會。上帝所創造的一切，我們都需要一起參與的，接納這些孩子、志工來到教會，在這裡一起生活就如同經歷一個愛的團契。基督愛你也愛我，也愛所有的人，無論你是讀聖經的或拿香的。」

牧師帶著我們拍的紀錄片四處募款

蹲點期滿離開的那天正好是星期天，主日一結束他們就走了。之前，教會先跟孩子們打預防針說：「每個人來，都是一種學習。」劉喜豪替他們慶幸有教會可以協助孩子們面對分離的課題。他的蹲點心得歷歷書寫著，「說不難過，是騙人的。帶著滿滿的回憶離開、回家，在火車行駛中，輪軸帶動發出轟隆轟隆的聲響與震動，闔上雙眼，我沒有立刻進入夢鄉，反倒是腦海中不斷地重播這兩周的生活。從毫無準備地充滿期待到不捨難過地背上行囊，社區的爺爺奶奶、教會的頑童屁孩和老屋的油漆補土，一點一滴地反覆咀嚼；

味道是如此清晰如新。」

「回家後，收到一把教會鑰匙，信中說歡迎我隨時回家。」但礙於軍職，劉喜豪透露自己暫時不便再回去，「但我比較可以為他們做的是幫忙募集物資，像各種門票，再寄過去。」

在紀錄片裡，很自然地呈現路上的實況，「牧師一直想要擴建教會，兼具里民活動中心的功能，後來才知道牧師帶著我們拍的這支影片到處募款，試想前面已經好幾屆拍過了，但他卻說這支影片更能呈現路上教會不一樣的面貌。」

而當他們碰到八、九屆的學弟妹，免不了被問起以前是怎麼拍這支紀錄片？劉喜豪想對學弟妹說的是，「其實你不用想拍紀錄片的事，我們是後面五、六天才開始想到底要拍什麼。我剛去時，還想說這是什麼地方呀？怎麼如此鄉下？」但劉喜豪現在滑臉書看得到路上教會的動態，「真的改變很多，果真變成社區發展協會了。」

把年輕人丟到某個地方，看你能激發出什麼東西？

蹲點後，每當有人問起他們：「在你們來了之後，路上有什麼顯著的改變？」聽到人們這麼問起，劉喜豪總笑笑地不正面回應，他相信，「志工一批批來，就是一次次的刺

・劉喜豪與路上教會的志工、孩子培養好感情。

激。」路上是需要「新」的人事物來衝擊它，志工所帶來的衝擊，如同一種酵素，產生催化引導作用，使路上醞釀出由內而外的變化力量，最後可以刺激孩子們敢於夢想。

志工進入社區，或許仍有人懷疑成效何在？想在轉瞬間就改變當地根深柢固的想法，近乎不可能。但每位志工從接觸、了解到深入路上社區後，無一不深刻體認到，「這是場長時間的拉鋸賽，無法在短時間就分出勝負。」每一個志工再次次的「接力」，每次推擠動搖一點點的不一樣，滴水終究能穿石。

當時，全心融入路上生活的他們曾想過：「最壞的打算就是拍不成紀錄片，拿不到補助款，我們來就只是為了自我實現。」他篤定地說，「我認為我們帶給這個地方一個刺激、一個再社會化。物質上的影響一定有，至少讓志工們有地方住了。」劉喜豪更體悟出路上志工接力的精神，之所以能歷久彌新、連綿不斷，都是因為每位參與者都期待路上會因為他們而有一點改變，即便是微不足道的改變。

幾年後，劉喜豪頗有領悟地給蹲點下了一個定義：「就是壯遊的概念——提供一個機會，把年輕人丟到某個地方，看你能激發出什麼東西？本質不在於你能拍什麼樣的紀錄片，甚至得獎與否。」

縱使礙於現職暫時不便回去，但時間並不會抹去這些日子在劉喜豪生命裡的印刻，「台灣蹲點，我蹲得夠低，才跳得夠高，是因為路上社區的一切，讓我完整了自己。」

或許不僅是蹲得夠低，也真切看到那些留在路上社區的課後輔導老師、傳道人乃至於志工所累積的力量，回應路上長輩們、孩子們的需要，柔軟了這位年輕人的心，也拉開了他的關注面向，而台灣也正因為每個角落都有這樣的人物，始終有光亮。

蹲點社區

路上教會

看更多介紹

成立於一九五二年，地處偏遠，普遍為外籍配偶、單親家庭、隔代教養的家庭，教會成立「弱勢家庭子女課後陪讀班」為弱勢學童庇護所，孩子課後有地方做功課、有晚飯可吃，有人關心照顧。

隔代教養更需要親職教育，阿公阿嬤們在如里民活動中心般角色的教會，學習親子教育、衛生保健，教會則全心投入社區工作，牧師結合鄰近大學志工教導學童正確使用電腦，期許社區孩子走出去，勇敢作夢。另針對社區民眾、國中生開設各式課程，將電腦教室一室多用，讓社區老老少少都喜歡來。

10 驚喜與驚嚇兼具的冒險旅程

2016年

（攝影／連慧玲）

打開初衷

蹲點成員：詹宛蓉（蹲點夥伴：林映辰）
蹲點社區：鐵份部落（花蓮縣）
學校系所：世新大學 口語傳播系
現職：「那個市集」執行長

做過各種志工也籌劃過各種營隊，當初，覺得拍紀錄片是件很酷的事情。但開始拍時，卻跟預想中的差別極大：出發前，器材出問題；到了當地，計畫想拍的題材卻不能拍……

看更多

抱著「好像可以玩玩看喲！沒有想太多，看看是否會擦出新火花。」的心態，被選派往第一志願的鐵份部落。有很多原住民朋友，常在西部南北跑，卻不曾接觸過東部，認為那邊的風景、人、事、物，應該有故事等待挖掘。在山野間優游自在，是一種好像回到老家的感覺。不怕昆蟲、不懼動物，詹宛蓉到了鐵份完全野放，如魚得水。

才走進自己經營的快閃市集，詹宛蓉就像隻八爪章魚一樣，一邊訓練今天到的新人，一邊把手機夾在耳朵與肩膀間和廠商講電話，還餘出雙手把垂墜的耳環帶上。完全是左右拉弓的俐落模樣。才二十二歲、大四的她已經是三頭六臂的創業新手。以為肌膚白皙的詹宛蓉是標準的「都市俗」，豈料她居然十三歲以前都住在屏東車城，童年還養過羊呢！在二十歲那年蹲點花蓮鐵份竟然是回到老家的感覺。

因為個性鮮活爽俐，口條清楚，詹宛蓉在高中時就是社團幹部。還成立志工團，主辦過服務對象為弱勢孩子的夏令營，為孩子們開設連貫的課程，她說，「在服務這領域會是滿有心得的。」進入大學後，被學校選為親善大使，擔起到各個高中介紹自己學校的任務。二〇一六年暑假前夕，高中時並肩合作、拍片剪輯、一起主持的社團夥伴林映辰，突然丟了個連結給詹宛蓉，「映辰是聽到學姊分享，才上網去找。那時，她第一個想到的就是我，問我要不要參加？」她說：「我回說好像可以玩玩看喲！沒有想太多，就抱著看看是否會擦出新火花的心情報名。」

在山野間優游自在，是一種好像回家的感覺

雖說以輕鬆態度報名，卻發現有一百五十組人馬申請，只錄取二十五組，「面對錄取比率只有六分之一的激烈競爭，還是非常的緊張與忐忑。」林映辰擅長影像拍攝、詹宛蓉懂得服務精髓，兩個女生使出全力來面對審核與面試，她在蹲點心得如此敘述，「當結果出來，成功錄取後，我興奮地在電梯裡大叫，趕快跟夥伴通知這個消息，喜悅的心情恨不得讓全世界都知道。」

那年，鐵份部落提出需要有接觸過手語的兩位女性夥伴去蹲點，兩人就如願被選派往第一志願的鐵份部落。詹宛蓉出身遍布原住民的恆春半島，「我身邊有很多原住民朋友，以前住過楓港、牡丹等西半部地區，也常常在西部、南北跑，卻不曾接觸過東部，我們認為那邊的風景、人、事、物，應該有故事等待我們挖掘。」

很愛旅行的詹宛蓉，之前去過蘭嶼、日本打工換宿，也跑過各個離島，「把每個地方都看成是新的體驗，不要帶著對它的任何印象，你才會得到驚喜。」因為器材的關係延

後了兩天才成行，她還記得初到鐵份的第一個感覺，「很像回到我小時候。我們家是畜牧業，養了兩百隻羊。我從小就要放羊，會擠羊奶，餵小羊喝奶、給大羊草吃，甚至看過接生小羊！」她記得那些下午放學後的養羊生活，「對我來說，在山野間優游自在，是一種好像回家的感覺。」不怕昆蟲、不懼動物，詹宛蓉到了鐵份完全野放，如魚得水。

蹲點鐵則：建立關係太重要了

主要種植稻、金針花、文旦與咖啡，客家人超過六成，三成多阿美族的鐵份部落如同全台所有偏鄉一樣，罕見青年。兩位二十歲的女生行走在部落很顯眼，「妹妹，妳太白了，來多曬點太陽！」這是詹宛蓉在蹲點時最常聽到的話，她寫著，「原本自認為已經跟大自然處得很親密了，但看到部落孩子們跟大自然的接觸後，才發現，那才是真正的與土地共存，光著胳膊、赤著腳走在泥土路上，把外衣脫掉就整個人泡在小溪裡消暑，臉上的笑容跟太陽一樣燦爛，他們從小就生長在這裡，跟鐵份已經是一體的存在。」

善於跟小朋友相處的詹宛蓉，變成孩子王讓小朋友帶她們去冒險，孩子們爭先恐後地說要帶兩位姊姊去秘密基地，「一路上孩子們竄來竄去的要我們看這個看那個，像山裡的小霸王般炫耀他們的領土。」回憶這群孩子們燦爛的笑容彷彿又把詹宛蓉從忙碌的都會步

・鐵份四寶：稻、金針花、文旦與咖啡。

調拉回鐵份的山裡，當時正值暑假部落的豐年祭期間，「我們發現這群孩子的年齡落差很大，有剛升小一的小小孩，也有國中的大女孩，仔細一問之下才知道不是每個人都住在部落裡，有許多人是跟著爸媽從都市趕回來參加豐年祭。」孩子的膚色也顯現了部落裡的人口外移狀況。

敞開心融入部落的兩人也碰到計畫趕不上變化的棘手問題，「出發前，我們的器材出問題；到了當地，我們要拍的故事沒法拍；還有下雨天，各式各樣的阻撓橫生；還有拍了以後，發現跟部落裡有一些不能公開的原則牴觸了。」對詹宛蓉而言，這也是很難得的學習：「跟我預想中的差別滿大的，不能說你想要幹嘛就幹嘛，這是人家的生活，不能因為你想做的事而干擾人家的生活啊！」

部落為了迎接豐年祭，設計一個給族裡長輩們貼石貼畫的活動，聽聞計畫，兩人興奮地說：「我們可以幫忙一起貼石貼畫！」計畫一邊拍這活動紀錄，再看是否能挖掘到其它故事。八月八日一抵達現場，竟然是：「我們貼完了捏，我們前兩天就貼完了。」部落行事未必按著行程表，「我們突然失去一個可以開始的目標，有一點慌了。」與其如此，乾脆把拍攝紀錄片的企劃案打掉重練，先跟當地人建立關係，「每一屆的蹲點夥伴應該聽這句話一定都聽到膩了，就是建立關係，因為這件事情太重要了，畢竟你不能夠初來乍到一個地方，就莫名其妙想擷取人家的故事。」

・暑假正是部落豐年祭。

・族裡長輩們貼石貼畫。

無論是哪個年齡層，都有他們自己返鄉的理由

在慌亂兩天的撞牆期，一方面不想重覆前幾屆蹲點的故事，一方面又得透過社區聯絡人介紹認識當地人，「我們找到正在辦事情的川哥，聊一聊，我們就上貨車跟他走了，這好像應該是每個蹲點夥伴都會做的——隨便上人家的車就走了，也不知道他要載我們去哪？」一放開心中的忐忑，詹宛蓉、林映辰由川哥帶著到處走，隨川哥到花蓮市賣咖啡。逐漸地，「發現他的故事滿有趣的，這位重要關係人後來成為片中的主角之一。」

不想用「偏鄉人口流失」的角度拍片，詹宛蓉兩人索性換個方向思考，「他為什麼要回來？他回來自己種咖啡，從栽種到挑豆、日曬、烘焙，然後選豆、包裝，到變成一個可以販售的商品，都是他自己從零到有一手做起來，連栽種都從培育開始，種個三年到六年，花這麼長時間。」又聽說川哥是從海軍陸戰隊退役返鄉當農夫，「選擇一個跟過去完全無法接軌的工作，到底是什麼影響他選擇要做這件事？」

整個旅程最後兩天，她們像挖到最大寶藏似地，「在遙遠的花蓮還遇到大一屆的大學學姊，遇到她開始深聊，發現她的故事也可以成為故事線。她還在就學，只有暑假短短兩個月回來。」詹宛蓉牢記著學姊跟她們講的一句話，「她說：『豐年祭我覺得很新奇啊！』我就想，妳不是這裡人嗎？怎麼會覺得豐年祭是一件很新奇的事？」因為這句話開

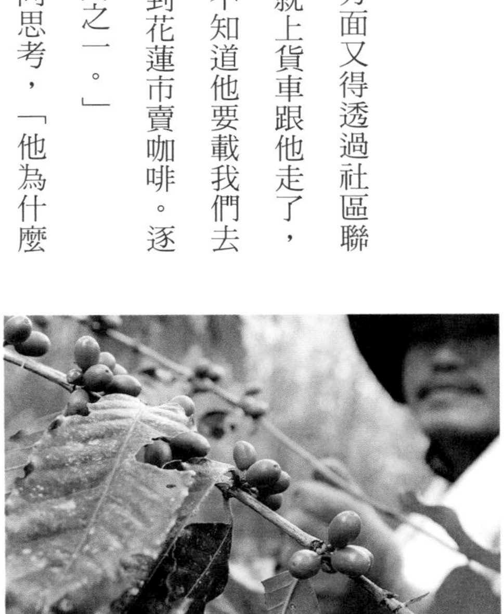

．川哥從海軍陸戰隊退役返鄉種咖啡。

始訪問學姊，「才發現其實她媽媽不希望她成為原住民，但她返鄉也是想要為自己的家鄉做一點事。」整支紀錄片就以一個暑假返鄉兩個月的在學大學生，一個是返鄉種咖啡的社會青年，「從這兩個角度敘述無論是哪個年齡層，都有他們自己返鄉的理由。」

蹲點那年的八月正好是詹宛蓉的二十歲生日，去之前，她曾經遲疑過，「我的生日真的要在蹲點中度過嗎？後來想說算了，這也是一種特別的生日禮物。」已經決定不過生日了，她在和社區聯絡人雄哥聊天時順口提到：「過兩天是我的生日。」雄哥問我：「那天妳們要做什麼？」我回說：「看那天要拍什麼就做什麼。」雄哥說：「二十歲生日耶，成年禮耶，怎麼可以不過？走，我們上山！」

生日當天，詹宛蓉晨起，還有點哀怨，心想應該沒人記得她的生日。中午過後，得知她生日的川哥從玉里鎮上帶回一個大蛋糕，整個部落的長輩們一起為她慶祝切蛋糕，感動欲泣的她還來不及整理心情，緊接著，夥伴送上第二個蛋糕，雄哥還端出第三個蛋糕，「切完三個蛋糕，雄哥說我們今天放風，什麼都不要拍了，認真地玩，上山烤山豬肉！」

搭上貨車，一行人在玉里鎮市場瘋狂採購，「最重要的是雄哥買了一整箱的煙火！」載著整車食物與煙火，山上的工作室有一台點歌機，喇叭、麥克風齊備，詹宛蓉眉開眼笑地說，「整個山頭都是我們的，就在山上烤山豬、高聲唱歌，就在十二點那一刻煙火一響，手機裡也湧來好多生日快樂的訊息；我當下就哭出來了，因為我的成年禮真的跟別人

・在這美麗的地方過超幸福的成年禮。

很不一樣。我是在一個身邊都是很棒的人，在一個很美的環境裡放煙火，很特別超幸福的成年禮。」

兩年後，於忙碌之餘，再省視蹲點，「是一場有驚喜、有驚嚇的冒險歷程。」詹宛蓉說：「你永遠不知道下一秒會發生什麼事情，也不知道你會捕捉到什麼樣的畫面，或是這裡會有什麼樣的故事在等你，你發現紀錄片就是一個沒有腳本的東西，你只能把握每一個時刻。」她領悟了紀錄片記錄的不是眼前看到的畫面，更多的是觸動內心的感動，尤其是那些無法用鏡頭表達的感謝與收穫，只能記在眼底，收在心裡。

期許自己做個無畏無懼，溫暖良善的人，詹宛蓉在蹲點後有更多的領悟，「夥伴映辰告訴我，希望我們到每個地方之前都先歸零，用另一種角度去認識每一個跟自己不一樣的人，你才能接納新的人事物。否則帶著自己的主觀，一到當地，你就會不斷被顛覆自己原本的想法。」畢業在即，雖然已經創業了，她仍說，「不急著做選擇吧！」只希望自己能帶著「先聆聽、先觀察」的態度到世界各地走走看看。

在這望似大剌剌向前衝衝的女孩身上，可以察覺極其細膩貼心的特質，鐵份部落給了詹宛蓉許多的第一次：第一次為了活動，長時間在外停留的地方，對她來說，有著非比尋常的意義。她也在鐵份嘗試許多第一次——靠自己力量跟夥伴完成了人生第一支紀錄片、第一次在一個陌生的地方感受家的溫暖、第一次知道原來第一次見面的人就可以像家人一般，這些因蹲點接觸到每個善待過她的人，所發生的每件事，日後無論高山或低谷，或許將成為一股涓流澆灌她跑遍看遍世界的力量。

蹲點社區

鐵份部落

看更多介紹

沿一九三線的樂德公路，即來到位於花蓮縣南端玉里鎮東豐里，阿美族人稱為Afih，為「米糠」之意的鐵份部落。部落長輩日間關懷站及電腦數位教室均設於東豐天主堂教育廳裡。部落與天主教堂往來密切，豐年祭也在教堂廣場舉行，部落各項會議、民眾休閒活動無一不在教堂產業上成立。

由巴黎外方教會差派來東豐天主堂，牧堂長達六十年的法裔潘世光神父於二〇一八年三月辭世，部落人思念甚深，正籌備潘神父紀念館中。

11

如小王子陪伴小狐狸的真實版

2017年

（攝影／連慧玲）

打開初衷

蹲點成員：史琬晴（蹲點夥伴：鄭茵）

蹲點社區：頂洲教會（台南市）

學校系所：中正大學 財經法律系

現職：中正大學財經法律系四年級生

就算我們碰到社區的問題，這十五天並不是要我們去做什麼改變。你除了找到核心外，還要學會自己去消化，並進化自己能力，然後再想，到底來這裡是要做什麼。

看更多

「這一路上收穫最大的是我自己心理上的改變。當妳會慢慢去了解到，他到底需要什麼，才能理解他的認知跟我的認知是不是一樣。會把同情心慢慢地轉變成同理心，到這階段時，才會覺得妳真的是靠近他，他真的接納了妳。」

在大學最後一個暑假，喜歡當志工、帶孩子的史琬晴仍把自己的行程排得滿檔。傍晚六點見到她，她剛結束嘉義市區的家教——教小孩打爵士鼓既可以賺零用錢，也是種樂趣。前幾天，她才剛去台南頂洲，陪伴要升國三的阿杰（化名）作功課。這是她在蹲點時所許下的承諾，已進行了一整年了。

撥著披肩長髮，要談自己的事，讓史琬晴有點靦腆。她憶起，大二升大三時，看到學校公布欄貼著一張中華電信基金會暑期「蹲點・台灣」計劃的徵選海報，她心中的第一人選浮出室友鄭茵。兩位來自台南，都念中正大學法律系的女孩開始構思申請表：寫動機、寫自傳，並列出二十五個據點的排序，再附上歷年的志工經驗。她們念大一那年，籌備過劇院活動，拍攝過也剪輯過宣傳片。甄選上了之後，她們認真地聆聽基金會對蹲點學生所開的影像課，「我們太弱了，跟傳播相關科系比起來差太多。」

做為第九屆蹲點學生，可以想見之前的紀錄片應該把該拍的題材都拍了，史琬晴和鄭茵剛好被排到台南頂洲教會，離她們家和學校都不遠。說不遠，地處台南偏鄉的頂洲也不那麼容易到達，光是換車就要一轉再轉，「如果想從台南市火車站到頂洲，要先搭公車到佳里。但頂洲比較接近嘉義，也可坐公車，轉車到學甲，再從學甲轉車到頂洲。」輾轉車程讓她很難忘，「我們從台南市出發，坐上午八點三十五分的公車，到頂洲是十一點十分，超過兩個半小時。」

國高中生遠遠觀察、打量她們的舉動

揣著一張基金會寫的單子，裡頭概述頂洲教會牧師提起過的問題。頂洲孩子寧可去便利超商打工，或在魚市場找個殺魚的兼差工作。「那裡的小孩，高中或高職畢業，就不願繼續讀書，牧師擔心那些小孩沒有未來目標。」兩人先去一趟頂洲，做行前探勘。之後與牧師在電話裡訂定蹲點目標，並設計自我探索與社會關懷的六個課程，希望帶著當地孩子多了解內、外的世界。

儘管，基金會的行前教育稍微描述過頂洲現況，但都市長大的兩人到了還是滿驚訝的，「真的什麼都沒有，你只會看到一間很老舊的雜貨店。離頂洲最近的便利商店，得要騎機車二十分鐘。」妙的是，當地沒有菜市場，想買菜或買麵包什麼的，大清早六點多，廟口就劈頭響起操台語廣播公告周知：「菜車來囉！菜車來囉！」緊接著，居民一窩蜂衝出來，七手八腳買成一團，十分鐘後，菜車就開走了。

頂洲最有名的是西瓜，也意味著當地的土質就是沙地，很難大量種出其它作物，做農已很難維持生計，人自然都往外跑。史琬晴常跟媽媽上台南市的教會，主日崇拜動輒有八、九十個人；當看到頂洲長老教會的主日崇拜不過一、二十人，牧師還以台語講道，幾乎聽不太懂。一時間，她們有點無所適從。

不過，牧師和牧師娘很開心她們來，將她們安置在頂洲教會的二樓，晚上打地鋪睡在巧拼上。第一天，幾個團契裡的高中生和國中生先遠遠觀察、打量她們的舉動，很快地，縮短距離地各個挨過來。

團契似乎成為孩子掏洗生命苦水的過濾器

自覺拍攝紀錄片的技術很弱，史琬晴和夥伴的共識是，希望拍支十分鐘長的紀錄片，放上YouTube之後，可以讓更多人認識頂洲。「我們只想著需要什麼景。初到時，我們對頂洲還不熟，設定前三天為熟悉環境期。接著打算從居民的生活中找出主題，直到第五、六天才確定。」

．頂洲沒有菜市場，當地人想買菜，得靠清晨六點的菜車。

在這偏鄉，教會團契似乎成為孩子淘洗生命苦水的過濾器，「剛去時，有被震撼到！人口稀少的頂洲竟然一次聚集六、七個家庭有狀況的孩子。也許教會對他們來講，是一個可以得到一些溫暖，取代一些家庭功能的所在。」史琬晴發現，「這些孩子需要被幫助或關懷，每個家庭都跟我們的家庭不太一樣。」

「來到教會，便發現一個小男孩默默地坐在長桌旁滑手機。我靜悄悄地走到阿杰身旁，他抬頭與我四目相對，臉上沒有任何表情，便又低下頭繼續做自己的事，沒有熱情的招呼聲也沒有禮貌性的問候聲，那一刻彷彿時間停止一般。這是我與阿杰第一次的相遇，很平淡卻讓我感受到一股不為人知的秘密藏在他心中。」史琬晴在蹲點心得裡，描繪初見阿杰的感覺。她們逐漸了解這孩子的背景，才知道國二的他家庭狀況最嚴重。

阿杰的媽媽是越南人，在他念小二時，媽媽離家出走，從此失聯。之後爸爸一蹶不振，每天攤在床上，起床就看電視或吃東西，完全把自己封鎖起來，放棄工作，更無法照顧孩子；六年來，反倒是阿杰在照顧爸爸。

高二男生阿俊（化名），狀況也好不到哪去。史琬晴和鄭茵聽牧師娘說，阿俊是個活潑愛說話的小孩。與兩位姊姊熟悉後，那十幾天裡，阿俊都陪著她們認識社區，或來聊天、打桌遊，很喜歡跟人相處。但她們也發現，「他很習慣性發問，卻很少正面回答問題。」阿俊最常問的是，「你明天幾點來教會？」雖然早告知他約定的時間，阿俊仍會再

．團契對家庭有狀況的孩子是一個可以得到溫暖，取代一些家庭功能的所在。

．孩子隨時都在滑手機。

三地問。而他與人的聊天內容不外乎是教會的貓、手遊、別人的事，幾乎不曾主動提起自己的事。

原來阿俊爸爸是身障，陸籍的媽媽早已拋家棄子出走多年，爸爸與阿嬤一起扶養這孩子，陷入更窘迫的弱勢。阿俊每天只有一百元零用錢，他卻很喜歡主動掏錢請客；他會一直問相同問題，可能是有強烈的不安感，總是要再次確認。

這些孩子每天放學後，到教會寫功課。再由牧師娘帶著查經並教點英文。禮拜六則固定團契，彼此互動分享。

把同情心轉變成同理心，才會覺得妳真的是靠近他

「蹲點到第十二、十三天時，跟阿杰有點熟了，開始有一個想法。」史琬晴說自己當時問他：「欸，你有沒有想要讓成績變好？他後來跟我說，『有』。我們就約定在蹲點十五天結束之後，從九月開始，每個周六或日，回頂洲教他寫功課。」史琬晴用自己大三上的整學期周末，手把手帶著阿杰，「帶帶帶，帶到今年一月，他的成績已有明顯進步。但後來發現他好像真的不喜歡讀書，他就是完全沒動力。」兩位姊姊決定找他吃飯問清楚他的意向，「我們就從課輔轉變成帶他去尋找自己的興趣。」

・孩子們需要被幫助或關懷。

・琬晴在輔導小朋友課業。

阿杰心底仍掛記著爸爸，雖然罹患知覺失調的爸爸已經不認得兒子了，但阿頡說要讀高職餐飲科，她們想起給頂洲孩子的夢想課程中，他寫下了一段話：「我想當廚師，因為我想煮飯給爸爸吃；我也想當個不受拘束的人。」她們才回頭理解這個老是以泡麵充饑的孩子，在她們蹲點時，幾次在教會做菜，他都非常認真專注，「從今年二月到六月中，變成可能兩、三周回去一次。我們以一些活動取代課輔，或是大家出去走一走。我覺得在生活上，他應該是有改變。」阿杰從琬晴開始蹲點時的不敢講話，問他問題只會點頭。「到現在，回我們的訊息會變長一點。」

帶著阿杰，帶到連幫助他的樂扶基金會都找上史琬晴，「他們社工看到我跟阿杰在臉書上有往來，就來私訊我問說，他有沒有想要讀什麼高職？有沒有想要住宿？」透過史琬晴這樣居中聯絡，基金會了解到，阿杰想讀餐飲科，再請社會局為他安排。

史琬晴與阿杰的互動好似小王子與狐狸，因為有了互動，有了友誼，自然成了她的事，「我大四畢業時，阿杰也升高一，應該就比較穩定了。社會局會安排他住宿費和學費。他就會去住宿，有了同儕，生活會比較好一些。」史琬晴定靜地述說著，「這一路上收穫最大的是我自己心理上的改變。當妳會慢慢去了解到，他到底需要什麼，才能理解他的認知跟我的認知是不是一樣。會把同情心慢慢地轉變成同理心，到這階段時，才會覺得妳真的是靠近他，他真的接納了妳。」

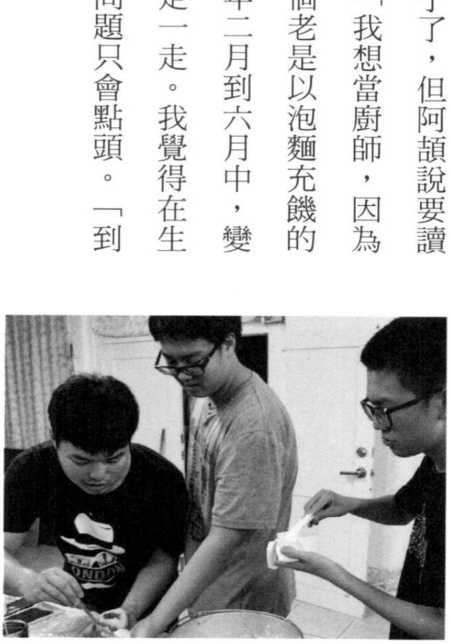

．教會開始以活動取代課輔，讓大家一起動手。

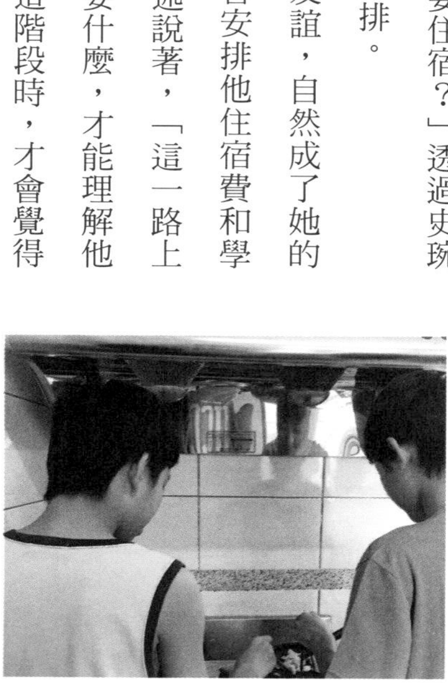

．教會做菜時，想當廚師的阿杰總是非常認真專注。

・有牧師（右一）與牧師娘（右二）的協助，琬晴與夥伴更快融入，與孩子打成一片。

十五天是一個開端，可以是延續的

現在，史琬晴每次回去頂洲第一件事情就是先上二樓，找牧師娘問：「最近小孩有遇到什麼狀況？牧師娘就會開始講這一兩個禮拜，發生了什麼事？各種頂洲大小事全部講完後，我再去一樓去找小朋友們。」從手忙腳亂不知道該拍什麼，到現在，史琬晴身邊的人都知道頂洲，「我們兩個都很愛說我們要『回』頂洲，不是說我們要『去』頂洲。頂洲好像變成我們的家了。」

這個暑假，史琬晴回頂洲碰到第十屆蹲點的兩位學妹，看到她們到中間亂了方寸，覺得自己什麼事都做不到，「我就跟他們說，就算我們碰到社區的問題，這十五天並不是要我們去做什麼改變。你除了找到核心外，還要學會自己去消化，並進化自己能力，然後再想，到底來這裡是要做什麼。」

至於蹲點的意義，正準備利用暑假最後幾天飛往柬埔寨，參與為當地人蓋房子的志工團，史琬晴認為，「等於也是一個自我發現，自我探索的契機。這十五天有點像志工接力，每一年都有兩個志工來這裡接力，帶課程，帶來一些新的元素。」作為重返蹲點處最頻繁的志工，她相信，「十五天是一個開端，可以是延續的。」

蹲點社區——台南頂洲長老教會

看更多介紹

成立於一九五一年，在綠茵與大樹間有幾座白色小屋，環境清幽，陳設典雅的老教會。然而仍與所有偏鄉相同，抵不過洶湧的人口外移潮，留下來的芳華凋零。為彌補當地數位鴻溝，二〇一一年中華電信基金會協助成立電腦教室。

單親家庭比例甚高，孩子缺乏照顧，主任牧師期許生活在其間的孩子看到盼望，教會遂於二〇一二年成立「愛與關懷盼望協會」，以實踐信仰精神的「做在最微小的弟兄身上」，透過課輔照顧孩子，並引進「蹲點．台灣」志工，於每年暑假與當地孩子交流，透過大哥哥大姊姊設計的課程，自我探索。

最熱騰騰的在地社區壯遊

二〇一八年蹲點學生集錦

Part 2

迎向陌生地，打開心眼見世面。每一次和不同人的接觸，都能撞擊並誘發出許許多多的可能。

年少的異地旅行很重要，年少時學會關懷同理他人更重要，在這過程中，發現人生的不一樣。

二〇一八年的「蹲點．台灣」一樣讓青年們跨出舒適圈壯遊去，懷著夢想懵懵懂懂出發，進入不曾到過的地方，用自己的青春腳蹤畫下印記，喜怒歡樂懊惱，都是讓青年們因此成長茁壯的孵化器。

1 節制，是對萬物有情的展現

編著／古碧玲

蹲點社區：台灣樸門永續發展協會（台北市）
蹲點成員：郭宜婷（台灣大學 建築與城鄉研究所）
周允蓁（台北教育大學 藝術與造型設計系）

節制，在日復一日的身體操演中，變成了自己的一部份，不需克制，而是自然而然的事情，同時也是對萬物有情的展現。

那幾天裡日常生活的片段，如此樸實、如此原味，但卻又令人念念不忘。若要用菜色來比喻那些日子，就不是什麼山珍海味，而是最尋常又鮮美的蔬食，總會在人生的某個片段無比地懷念。「樸門是一種態度，也是一種生活日常」，就這樣緩緩地爬進生活點滴，然後成為了自己的日常。

·宜婷（右）與允蓁（左）。
·農家日常生活不簡單。

看更多內容

2 充滿著不可預知的世界

蹲點社區：台灣肯納自閉症基金會（台北市）
蹲點成員：黃芝莉（政治大學 廣告學系）
劉錦宜（中央大學 資訊管理學系）

所有的人事物都是如此特殊，出乎意料的互動方式、令人跌破眼鏡的回答，看似每天都不變的例行公事底下，卻是充滿著不可預知的世界。

就算日子到了第十天，我們還是無法正確理解他們每個人專屬的語言、口音和說話方式。但卻會為了聽懂的句子越來越多而感到雀躍不已，甚至和夥伴為此相視而笑。

・來給肯納園按讚。

・「阿布和嚕咪」變成我們的肯納名。

看更多內容

3 懷念和一群長輩相處的不知所措

蹲點社區：台灣老大人活力發展協會（桃園市）

蹲點成員：梁容爾（台北大學 社會工作學系）
蔡莘蕎（中原大學 會計學系）

這次蹲點，讓我們和一群長輩朝夕相處半個月，就像把一個完全不會英文的人丟到全英語環境一樣，完全不知所措。但從他們身上，反思正值青春的自己，好像也沒有什麼特別的興趣培養，看見長輩們上了年紀依舊精進自我，再看看自己一成不變的生活，看來得好好規劃一番，才不會愧對自己的「青春」。

・梁容爾（右）與蔡莘蕎（左）。
・長輩專心撿豆子。

看更多內容

4 十八天卻走不完五分鐘的路途

蹲點社區：比亞外部落（桃園市）

蹲點成員：葉曼庭（輔仁大學　新聞傳播學系）
黃詩婷（輔仁大學　新聞傳播學系）

想起前往部落的前一天晚上，阿韻牧師說：「比亞外是個小部落，不用五分鐘就可以走完的那種。」然而，我們卻花了整整十八天還走不完，走不完整個部落的故事，認識不完每雙眼眸底下的靈魂。也在即將離開部落的一個晚上，和長老爺爺聊天，當他對我們說：「謝謝妳們替寧靜的部落帶來一點生氣」，我們的靈魂似乎也被這個寧謐的部落安慰了。

・看到我們拖著行李箱下山，就趕緊衝過來要擁抱的孩子們。

・在長老Yuhaw樹屋的陽台上能夠俯瞰整個山谷，還能見到砌出這大自然之美的大漢溪，有一股衝動，以為在拍阿凡達電影。

看更多內容

5 如此喜歡上這片海洋

蹲點社區：桃園市新屋區愛鄉協會（桃園市）
蹲點成員：陳宣妤（台北醫學大學 醫學檢驗暨生物技術系）
陳昱儒（東吳大學 法律學系）

蹲點前，從沒想過自己會如此深情的喜歡上這片海洋：喜歡大海成為景深的對焦處、喜歡浪花反覆打濕腳踝、喜歡守護石滬人們認真的精神、喜歡團隊的領導……說實在話，真沒見過如此接地氣的理事長，真沒有。

喜歡藝術滋養著的這片海與土地。

・幾天內，就打進協會圈子，受到大哥大姐的重視與溫柔對待。

・社區蹲點是場溫柔革命。

看更多內容

6 把握當下，別讓心裡空一塊

蹲點社區：水源地文教基金會（台中市）

蹲點成員：吳芳慈（逢甲大學 行銷系）

張芳綾（逢甲大學 行銷系）

國際志工營期結束後，回來後的第一天，在寫心得時爆哭，沒辦法控制自己的情緒，感覺心裡空了一塊。還沒來得及準備就被派上營隊當志工，居然可以讓我們透過這樣的分離經驗，從中了解要把握當下，把當時你最真誠的想法表達給對方聽。這股感動力量，讓我們真心希望可以帶給基金會一個好的呈現，把事情做足做好。

・水源地種植藍草。

・與孩子的互動有了轉變。

看更多內容

7 理解陪伴孩子的幸福

蹲點社區：天恩社區關懷協會（台中市）

蹲點成員：塗涵鈞（輔仁大學　大眾傳播學士學位學程）
林品君（輔仁大學　大眾傳播學士學位學程）

在天恩的前三天，孩子們回家後，我們都深感疲憊。到了最後一個禮拜，驚覺時間就像沙一般地流逝，從陌生到熟悉，孩子的防備心一天天卸下。不知不覺到了說再見的時刻，忽然發現心裡裝了滿滿的東西。

有機會去陪伴這些孩子，被他們當作很重要的人，才理解自己有多幸福！

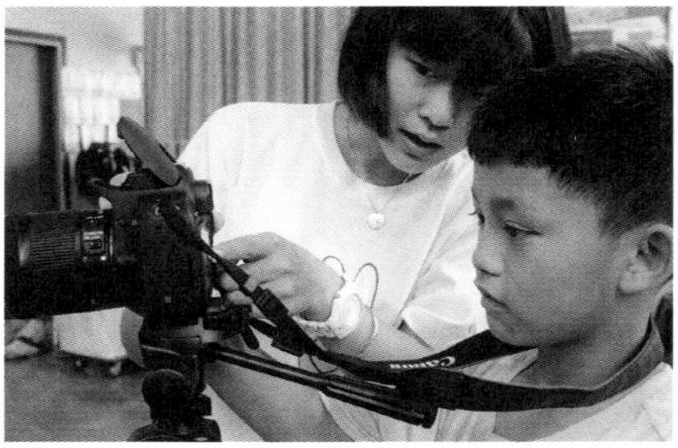

・天恩社區讓孩子輪流學拍攝。

・暑期日常才藝課「捏捏捏地瓜」。

看更多內容

8 老人供餐，變成一個村莊活動

蹲點社區：彰化縣溪州莿仔埤圳產業文化協會（彰化縣）

蹲點成員：陳浥柔（中興大學 土壤環境科學系）
馮云萱（中興大學 土壤環境科學系）

曾經看過不少有老人供餐的社區，不是只有大庄村制度完善、能夠自給自足，卻只有大庄村，能讓它變成一個村莊活動。看著白板上面，每天都寫著至少一百零五人的數字；看著一個又一個的便當被裝袋；又看到中午開的四大桌，以及來來往往的人潮，你可以感受到，這是一個參與度很高的活動，也正是這樣的參與度，讓它顯得非常特別。

·大庄食堂備膳中。

·和長輩聊天，心情很輕鬆。

看更多內容

9 一堂生離死別的課

蹲點社區：路上教會（彰化縣）

蹲點成員：黃筵語（東海大學 企業管理學系）

吳佳臻（台南大學 教育學系）

來路上社區第一個搭訕的阿嬤，頭一天就帶我們到她家唱歌。沒想到後來看到阿嬤家門口正辦著阿公的喪禮。阿嬤說：「會難過，但不會捨不得，能看著老伴最後安詳的、沒有太多痛苦離開，就是最好的事。」聽她冷靜地說這些話，我們兩個都紅了眼眶。如果能做到像阿嬤這樣「體認」、「接受」事實，或許就能減少阿公的痛苦。

生離死別的議題，是我們終其一生都在學習的，很幸運，能在這裡上到寶貴的一課。

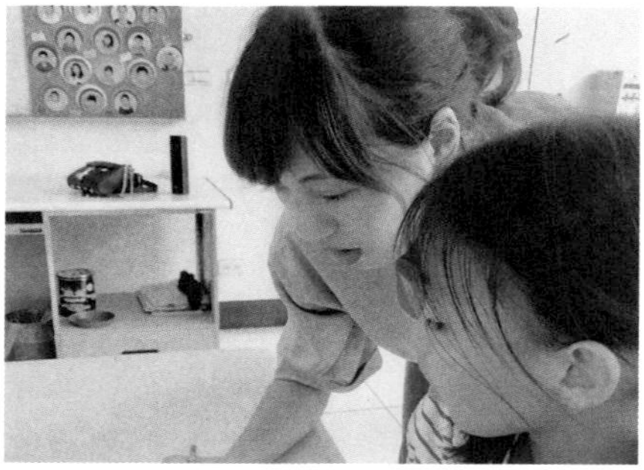

．來這裡最主要的是陪伴。

．和長輩聊天。

看更多內容

10 每個孩子都是村莊的孩子

蹲點社區：路上教會（彰化縣）
蹲點成員：吳敏瑜（台北醫學大學　口腔衛生學系）
許佩雯（銘傳大學　犯罪防治學系）

當我們認真對待每一個孩子們時，你就會發現孩子並非像表面看到的那樣單純，笑容只是孩子們的保護色；慢慢用心地了解，問題總是會浮上來的，例如為什麼他們沒有得到應有的照顧與陪伴？我們看到的是：「教育不只是某個人的事情，而是每個人都該參與，每個孩子都是村莊的孩子。」

・經過一段時間孩子才接納我們。
・你永遠不知道現在做的事情能夠影響未來多遠。

看更多內容

11帶心，讓青少年長出自己的樣子

蹲點社區：良顯堂社會福利基金會 陳綢兒少家園（南投縣）
蹲點成員：謝宗翰（中興大學 財務金融系）
陳鴻濬（東吳大學 社會工作學系）

這些天，跟這群少年相處，常思考著：「把一群少年限制在一個地方，那麼沒有自由，這方式是好的嗎？」逐漸地，充分感受到創辦人陳綢阿嬤帶青少年「帶心」的理念——學生輔導員盡力扮演父母角色，無微不至的照顧，甚至每天大清早載孩子去外地上學。在他們的互動中，了解學生們不是接受壓抑跟強迫的教育，反而是給予完整的探索空間，讓他們長出自己的樣子。

・人稱「埔里阿嬤」的陳綢女士是當地家喻戶曉的慈善家。
・擊鼓的訓練和表演，讓孩子有機會建立自信。

看更多內容

12 專注用心在每一秒，不庸碌不匆忙

蹲點社區：瑪納有機文化園區（嘉義縣）

蹲點成員：楊詠崴（台灣師範大學 圖文傳播系）
林宛蓁（台灣師範大學 設計系）

作為蹲點的一員，必須不斷轉換生活、記錄、採訪的身分，因此，最艱辛的是建立信任，融入對方生活的同時，要能不像是個介入者。

在這裡，可以很輕易地專注用心在每一秒：仔細觀察蚱蜢的腿，種下高麗菜苗……不庸碌不匆忙，反而可以有一股安定感，這是在都市感受不到的。

·有機種植，可以給孩子更乾淨的食物。

·此地的人們愛著山、愛著自己的文化。

看更多內容

13 計畫趕不上變化，打擊變轉機

蹲點社區：瑪納有機文化生園區（嘉義縣）

蹲點成員：王彥鈞（台灣藝術大學　書畫藝術學系）

徐雅祺（輔仁大學　影像傳播學系）

原打算在阿里山上舉辦一個繪畫比賽——畫出你的故鄉。卻由於種種因素，最終計畫被打回，既是打擊，也是轉機，索性放下計畫，透過拜訪與當地長輩們相處。

記得在一個讓長輩們完成一本專屬於自己生命故事的活動中，他們帶來照片，並在一本空白書頁中，畫下珍貴的回憶，或利用剪貼，將照片黏貼在上面，我們協助他們寫字，很高興參與了他們部分的人生，也聽到了鄒族族人很不一樣的生命故事。

·教孩子們製作手機架。

·受邀去吃烤肉，更圍著暖暖的火爐，聽長輩們說鄒族歷史。

看更多內容

14 一天好像有三十小時，漫長又悠閒

蹲點社區：東後寮教會（嘉義縣）
蹲點成員：張台澤（政治大學 廣播電視學系）
郭又華（政治大學 新聞學系）

我們開始思考，「老」到底是什麼？

在東後寮教會的一天好像有三十小時，日子過得特別漫長、悠閒，陪長輩們在榕樹下坐，看看樹、看看稻田，感受微風，偶爾一隻狗經過，小鳥在電線杆休憩……這種時候其實也不必跟他們說些什麼，我也不想拿出攝影機拍，這就是日子，這就是松年生活。

．東後寮是「松年慢活」的服務示範單位。
．在教會旁，有長輩的「開心農場」。

看更多內容

15 珍惜平凡堆疊出的不凡

蹲點社區：頂洲教會（台南市）
蹲點成員：許珮庭（台灣大學　經濟學系）
黃沛瑩（台灣大學　社會工作學系）

在頂洲教會，我學會珍惜。

在最巨大的匱乏裡看見最可貴的人性：阿嬤翻箱倒櫃只為拿出一盒可以招待我們的餅乾；有一天去市場，不認識的阿嬤走過來說：「要加油喔！」很珍惜自己被社區完全地接納與包容。

不平凡很重要，但是平凡更重要啊！是那些無數平凡又渺小的經歷堆疊出不凡的人格，一定要珍惜。

．與教會孩子們一同出遊前的合照。
．最後一個晚上玩仙女棒。糊糊的背景，清楚的莫忘初衷。

看更多內容

16 菁寮的魔力讓人愛上她

蹲點社區：菁寮教會（台南市）

蹲點成員：林芳宇（彰化師範大學　特殊教育學系）
范雅雯（台灣師範大學　特殊教育學系）

「感動」是這趟旅程中最好的註腳：人與人之間毫無保留的相處、充滿歷史的建築、有溫度的文化……似乎有種讓人一來就愛上的魔力。

和夥伴間的情誼也是收穫。雖已認識五年，但這是第一次在不熟悉的地方、帶著任務十五天、二十四小時生活在一起，也從她身上看見了許多自己沒有的特質與能力。

．很喜歡那種跟大家互動的感覺！

．菁寮小劇組非常投入。

看更多內容

17 孩子們帶領我們用不一樣的眼光去體驗每件事

蹲點社區：中路教會（高雄市）
蹲點成員：王暐珺（亞洲大學 會計與資訊學系）
黃鈺婷（台北醫學大學 牙體技術學系）

與其說我們是來服務社區，不如說是孩子帶領我們用不一樣的眼光去體驗每一件事，在孩子們身上也讓我反思到很多事，看見了很多可能。孩子們用那最清澈的眼睛、最單純的想法、最真摯的情意，讓我們感受這片土地帶來的溫暖。

．每一天都是一個心的旅程。
．中路教會一直是你第二個家。

看更多內容

18 農作徹底震撼了都市俗

蹲點社區：屏東善導書院（屏東縣）
蹲點成員：黃妍菲（台北大學　應用外語學系）
　　　　　蕭妤卉（台北大學　應用外語學系）

如果沒有這次的下鄉，我不會親身經歷許許多多在都市一輩子也無法擁有的經驗，我不會知道在採摘火龍果時的進退維谷、不會在吃火龍果時對農夫有一百萬分的敬佩；若非這次在書院與農田大大小小的經歷，我不會對農產品過剩的問題有如此深刻，宛如切身之痛的感受；若不是目睹外貌不佳的農產品是怎麼被銷毀，我怎麼會在買菜、買水果時，給外表不佳的產品多一次機會？

．採摘火龍果時的進退維谷。
．走入偏鄉唯一的願望，就是帶給孩子快樂的回憶。

看更多內容

19 在林邊喜見鮭魚返鄉

蹲點社區：永樂社區（屏東縣）

蹲點成員：邱麗芸（台北醫學大學　醫學系）
陳昱臻（台北醫學大學　醫學系）

Karen阿姨曾在屏東市、東港等地經營得不錯，然而，「還是想回家」。她一臉認真地看著我，嘴角有神祕的笑，彷彿那是林邊人共有的默契。

在台北，大多數人是過客，或是從別處遷徙過來，「家」的定義已然模糊。只是，我驚喜地在林邊看見「鮭魚返鄉」，而非人才外流。

・村長反覆強調「你們將來要記得做個好學生，回饋自己的鄉里。」

・先騎腳踏車逛林邊。

看更多內容

20 二十禮路與二十歲成年禮

蹲點社區：阿禮部落（屏東縣）

蹲點成員：陳宜慧（政治大學 廣告學系）

王昱翔（政治大學 新聞學系）

在融入社區生活時，也一層層撕下過往對原住民可能的誤解或刻板印象。「二十禮回鄉路」講述的是由百合園區到原鄉的二十哩回鄉路途。蹲點期間，發現阿禮已不大有可能遷回原鄉，反而是以臍帶相連的關係牽繫著原鄉與山下，賦予二十禮路全然不同也更切實的意義。同時這段體驗也是給今年初滿二十歲的自己，最好的成年禮！

·鋼條、竹子、茅草搭建成一座座茅草屋，開始小米祭的籌備活動。

·小米祭的文化成長營要留住傳統。

看更多內容

21 領受到對生涯的深刻啟發

蹲點社區：楓林教會（屏東縣）

蹲點成員：吳聖旻（台北醫學大學　牙醫系）

陳彥碩（高雄醫學大學　牙醫系）

一開始，就選擇到部落整理當地醫療資源的脈絡，對於能否駕馭歷史龐雜的脈絡，對於是否會冒犯到在這裡深耕的每個堅守崗位的醫療工作者，有點忐忑；幸運的是，蹲點夥伴總是會在彼此心煩意亂的時候互相提醒。而透過牧師娘，我們確實看到偏鄉醫療最前線的視病如親與資源的不足，深刻啟發了我們未來將要從事的醫療工作。

・我們與薛牧師（中）合作記錄偏鄉醫療現況。

・教導孩子們蛀牙的成因以及貝氏刷牙法。

看更多內容

22 學習溫柔，態度

蹲點社區：達魯瑪克部落（台東縣）
蹲點成員：駱姿宇（輔仁大學 新聞傳播學系）
劉悅蓉（輔仁大學 新聞傳播學系）

在達魯瑪克我學到最多的是，溫柔。

蹲點日誌最後一天寫：「不是說輕聲細語、笑容可掬才叫溫柔，而是態度。我們活在太方便的都市，忘記一個塑膠袋就是對環境的殘忍；我們活在步調太快的都市，來不及留意身邊的人；我們汲汲營營，忘記自己真正想要得到的，逼迫自己要跟別人一樣功成名就，都是缺乏溫柔。」

．第一次拿姑婆芋當傘撐，原來身邊的山林植物如此奧妙。

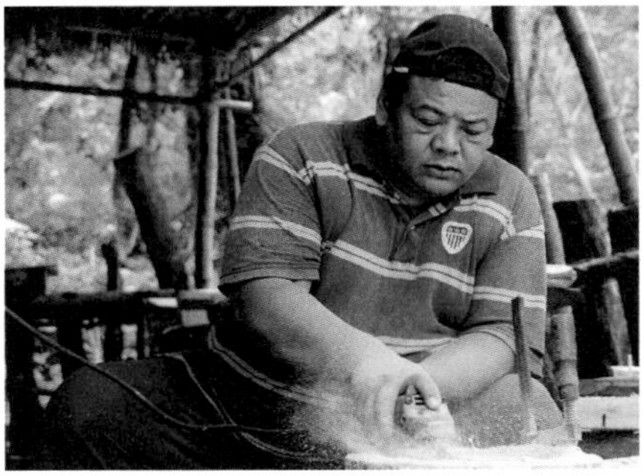

．用心鑽研做木工的部落大哥。

看更多內容

23 這一刻，超越千言萬語

蹲點社區：愛國蒲教會（台東縣）
蹲點成員：莊榮祚（台灣藝術大學　電影學系）
蔡岳霖（台灣藝術大學　電影學系）

我們與孩子完成了許多的課程：從用拍立得練習攝影、在教室內相互訪談到剪輯，愛國蒲的孩子已經有了比我們來之前更多更大的視野與能力。

成果放映的那一天，孩子們親手掌鏡的影片和聲音，透過銀幕再反射回他們自己的眼底，這一刻，超越千言萬語。

・在教會一樓的電腦教室看孩子們親手掌鏡的電影。

・和愛國蒲的孩子很快混熟起來。

看更多內容

24 練武功要先扎馬步

蹲點社區：吉拉米代部落文化產業協會（花蓮縣）

蹲點成員：田詠葳（交通大學 人文社會學系）

羅凱諭（交通大學 人文社會學系）

山巒疊翠、綠野平疇的吉拉米代，有著翻捲的白雲與美到近乎不真實的湛藍天空。而嚴謹的豐年祭，更是敬天畏地的堅守十幾種階級的傳統祭儀，遵守一個個階級下去跳舞的制度，甚至在祭前的打掃都不得馬虎，「打掃是最基本但也是最重要的！」部落主席建廣哥說，一個祭典要成功，事前的清潔與敬意是最重要的基礎。就像練武功一樣要先扎馬步，基礎，是最馬虎不得的！

・吉拉米代豐年祭嚴明遵守一個個階級下去跳舞的制度。

・豐年祭來了！青年們回來了！

看更多內容

25 當你老了，頭髮白了

蹲點社區：鐵份部落（花蓮縣）

蹲點成員：蔡紫彤（台北大學　社會工作學系）
郭嘉錡（台北大學　社會工作學系）

更多的是反思關於長照、偏鄉議題的問題，以及尋求解決的方法，當城鄉差距、資源相對不足，當每個人都慢慢地變老時，我們又能為此做哪些努力？當長者們覺得變老只是等待時間逐漸吞噬自己，又該如何設計些活動實際操作在文健站的課程中，讓他們能找回自我的價值感及成就感。

．長輩歡喜在照顧站共餐。

．阿嬤說：「大學生這個很好玩耶！」

看更多內容

26 愛與溫暖浸透了我的靈魂

蹲點社區：鐵份部落（花蓮縣）
蹲點成員：邱雅若（政治大學 民族學系）
黃翊嘉（中正大學 傳播學系）

文健站裡阿嬤阿公們爽朗的笑聲；在秋菊阿嬤家煮晚飯，圍著圓桌一起分享心事；時常收到族人自己種的火龍果、芭蕉、龍眼！在安德啟智中心看見可愛的朋友真誠地微笑，緊握著我的手……是他們心中的愛與溫暖浸透了我的靈魂。

．潘神父紀念館義賣活動。
．在鐵份與土地有很多的連結（攝影／楊仁甫）。

看更多內容

27 我們要留給下一代怎樣的土地？

蹲點社區：港口部落（花蓮縣）
蹲點成員：謝宜臻（台北教育大學 社會與區域發展學系）
潘　美（台北教育大學 社會與區域發展學系）

港口曾經是個恃大自然寵而驕的部落，而現在的港口卻有著多到說不完對土地的溫柔，這些溫柔很值得我們去看看、去學習。「我們要留給下一代怎樣的土地」這不是一個問句，而是這裡的人身體力行的一句話，答案就在每個人的行動中，在每個人看著這片海梯田的眼神裡。

．好多的熱情、溫暖、包容，將我們與港口的土地緊緊相連。
．海梯田的復育，讓社會更認識港口，也讓部落的人意識到土地的重要。

看更多內容

28 若是有微風吹過來，就覺得滿足

蹲點社區：邦查農場（花蓮縣）
蹲點成員：陳　真（彰化師範大學　特殊教育學系）
陳品妤（淡江大學　公共行政學系）

「人不快樂有很多的原因都是出自人與人之間的相處」，在這裡做農雖然很辛苦，但是同事之間能夠彼此互相照顧，休息時能夠有說有笑，在辛苦工作一天後，騎著摩托車回家的那段路上，若是有微風吹過來就會覺得滿足。在這裡，生活簡簡單單，不用去擔心人與人之間所謂的猜忌心機，很平凡。

·我們幾乎天天都和農場的大哥大姐一起下田。

·阿姨休息時有說有笑。

看更多內容

同場加映

追憶那段青春刻痕

二〇〇九年～二〇一七年 蹲點學生集錦

兩兩成組，這一路上並不孤獨，只是故事發展超乎自己想像。在遭遇困難的一時間、遇見不在慣常生活範圍裡的人們，都交給那一顆願意出走的心，青春被浸漬了，照見不曾認識過的自己與夥伴，當下，兩兩再也不一樣。

二〇〇九年

1 蹲點社區：比亞外部落（桃園市）（請見本書第二六頁）

2 蹲點社區：永昌宮（新竹縣）
蹲點成員：羅欣亞（政治大學 廣播電視學系）
李羽潔（輔仁大學 影像傳播學系）

數位好厝邊的電腦淪為小朋友玩遊戲的設備，徐村長及溫教授似乎為此現象所苦。但在我看來，就像是第一次接觸音樂，不如先唱首兒歌而後再學樂理吧！

3 蹲點社區：谷立部落（新竹縣）
蹲點成員：姜以庭（政治大學 廣播電視學系）
劉宇真（政治大學 廣播電視學系）

在徐大衛理事長身上看到部落頭目的領導氣質。他整合當地農地、推動有機農業，絕對不賣土地。強壯的臂膀撐起一整個農場的重擔。

4 蹲點社區：東岳村（宜蘭縣）
蹲點成員：陳家倫（政治大學 新聞學系碩士班）
周鑫（政治大學 新聞學系碩士班）

東岳村裡的每一個人忠於自己的角色且無一不克盡其職，

這樣的一套規矩是古聖先賢的治國之道，已遠遠超乎治理社區的規模。

5
蹲點社區：新樂派出所（新竹縣）
蹲點成員：莊傑夫（政治大學 廣播電視學系）
王慧茹（政治大學 廣播電視學系）

新樂村派出所所長有一個夢想，希望有一天，能創立一個學校，把全村的問題學生都送來這個學校，提供吃住，課餘學習有興趣的才藝。

6
蹲點社區：溪底遙學習農園（南投縣）
蹲點成員：劉政麟（政治大學 廣播電視學系）
林國偉（政治大學 廣播電視學系）

當大人都到田裡工作時，溪底遙變成了兒童王國。小朋友擁抱電腦室，還討論出使用規範，真應該給他們鼓鼓掌！

7
蹲點社區：佳暮部落（屏東縣）（請見本書第三六頁）

8
蹲點社區：不舞作坊（嘉義縣）
蹲點成員：林雨琪（政治大學 廣播電視學系）
陳怡樺（政治大學 廣播電視學系）

這次風災雖然真的很可怕，但也讓我體會到人性的美好，並且發現自己的無限可能。

9
愛德婦女協會（台東縣）
蹲點成員：李欣樺（政治大學 廣播電視學系）
嚴唯甄（政治大學 廣播電視學系）

希望每個小朋友都能像獨角仙一樣，就算在濕暗的土裡慢慢挖掘，最後也能揮舞帥氣的頭盔，驕傲的生活著。

10
福音部落（花蓮縣）
蹲點成員：江依玲（政治大學 廣播電視學系）
朱映蓉（政治大學 廣播電視學系）

部落青年的未來隨著社區發展，或許有一天，回到部落不再是被社會淘汰的象徵，而是驕傲的表現。

二〇一〇年

1 蹲點社區：三峽復興堂（新北市）（見本書第五二頁）

2 蹲點社區：耕心蓮苑教育基金會（新北市）
蹲點成員：張岑宇（台灣藝術大學 美術系碩士班科技藝術組所）
張桓瑋（世新大學 廣播電視電影學系電視組）

當我們親眼所見盡是人性的光輝，我們記錄著，也不得不受到感染，體悟到這人間的價值，還有無限的可能。

3 蹲點社區：天恩關懷協會（台中市）
蹲點成員：劉清瑩（台灣藝術大學 應用媒體藝術所）
翁韻涵（台灣藝術大學 應用媒體藝術所）

朱長老一家人澈澈底底在奉獻、付出。他們全部投入天恩的運作，一步一腳印幫助孩子的同時，也在保護這座避風港。

4 蹲點社區：桐林社區（台中市）
蹲點成員：黃貞瑜（政治大學 廣播電視學系）
田書菱（政治大學 廣播電視學系）

桐林國小面臨廢校的威脅。為了小孩能留在桐林國小念書，老師們加倍花心思來設計課程以及暑期輔導的內容。

5 蹲點社區：愛國蒲教會（台東縣）
蹲點成員：李毓琇（政治大學 廣播電視學系）
翁逸玟（政治大學 廣播電視學系）

八八風災重創南台灣，還記得鄭志山大哥受訪說的一句話：「還好這場雨下在這裡，如果是在花蓮還是台中，後果更是不敢想！」我覺得這句話特別有意思。

6 蹲點社區：菁寮教會（台南市）
蹲點成員：黃傑崧（交通大學 社會與文化學系）
梁潔茹（交通大學 傳播研究所）

中華電信志工們都是接近我們父母的年紀，每週三一下班就集合，開車一小時趕到菁寮來。想了許久，我還是沒辦法理解是怎樣的牽絆才有如此的動力！

7 蹲點社區：善牧基金會 新北市西區跨國婚姻家庭服務中心（新北市）
蹲點成員：陳怡妮（輔仁大學 影像傳播學系）
蔡宜珍（輔仁大學 影像傳播學系）

結業那天，看著孩子們台上的賣力表演。聽了老師們對孩子們的告白，這些孩子彷彿突然懂了離別，眼淚開始在台上台下蔓延。

8 蹲點社區：羅山社區（花蓮縣）（見本書第四四頁）

9
蹲點社區：永樂社區（屏東縣）
蹲點成員：藍文吟（台灣藝術大學 電影學系）
陳詩芸（台灣藝術大學 電影學系）

也許在北部人口眾多競爭太過激烈，所以我所知道的人性只會顧及自己，像這樣一起為了給大家更好的環境而去做的努力，我在這裡才看到、體會到。

10
蹲點社區：楓林教會（屏東縣）
蹲點成員：章仰隆（南華大學 傳播學系）
趙家慶（南華大學 傳播學系）

我從來沒有進入過教堂，這次讓我最驚訝的是教會舉行一場喪禮，會場絲毫沒有憂傷、哭泣，只有歡樂、歌聲和笑聲，這個體驗顛覆了我的感官與認知。

11
蹲點社區：比亞外部落（桃園市）
蹲點成員：林佩禎（台灣藝術大學 電影學系）
林淳平（台灣藝術大學 電影學系）

傳出鼓聲的小教會、熱血激昂的籃球場，鮮嫩多汁的番茄園，都吸引著我們。雖然素不相識，卻給許多溫暖的笑容，讓我們受寵若驚。

12
蹲點社區：那瑪夏鄉南沙魯村（高雄市）
蹲點成員：鄭又勛（輔仁大學 影像傳播學系）
陳孝甫（輔仁大學 影像傳播學系）

若不是四輪驅動的車子，想要入村是非常困難的。下過大雨，河床中斷後，只能走另一條至少多出兩小時的路。

13
蹲點社區：南沙魯大愛園區（高雄市）
蹲點成員：王慧茹（政治大學 新聞學系）
江依玲（政治大學 新聞學系碩士班）

她們成立編織工作坊，提供園區婦女穩定的工作。即使不懂撰寫企劃、開發銷售通路、資金不足……，也慢慢的、一點一點的克服，毅力和堅強令人動容。

14
蹲點社區：口湖鄉老人福利協進會（雲林縣）
蹲點成員：林鈺軒（政治大學 廣播電視學系）
許伊琳（政治大學 廣播電視學系）

這個海邊小鎮漁業衰微，多數漁民改以養殖代替出海捕撈。為了貼補家用，居民常在家門外圍著矮桌邊聊天邊剝牡蠣，白色牡蠣殼堆成的矮牆隨處可見。

15
蹲點社區：林子社區（雲林縣）
蹲點成員：林崇立（政治大學 廣播電視學系）
黃浩瑋（政治大學 廣播電視學系）

在這個小農村裡，「社區營造」是全新概念。就一個社造者，該如何讓長輩們擺脫「自掃門前雪」觀念走出家門，去關懷、美化鄉土，是需要許多耐心與嘗試的。

16
蹲點社區：華山華南社區（雲林縣）
蹲點成員：許文娟（政治大學 廣播電視學系）
許藝齡（政治大學 廣播電視學系）

華南的聚落分散又偏遠，有的路坍方，有的是顛簸的石子路。我們前往拜訪時，以時速十五的摩托車吃力爬坡，離開時連引擎都不用開地滑行。

17
蹲點社區：瑪納有機文化園區（嘉義縣）
蹲點成員：黃芃琪（政治大學 新聞學系）
楊癸齡（政治大學 新聞學系碩士班）

我從未在七月盛夏，裹著棉被在清冷舒爽的空氣中醒來；也未曾佇立於蟲鳴簇擁的大片農田中，隨手摘下玉米、番茄直接往嘴裡塞。此景只在海拔一千公尺的阿里山上。

18
蹲點社區：瑪納有機文化園區（嘉義縣）
蹲點成員：張鈺（台灣藝術大學 廣播電視學系）
邱育南（政治大學 廣播電視學系碩士班）

住在別村的楊大哥接起手機：「又塌了喔，那我就不用回去了耶。」旁邊的人紛紛邀他住下來，之後便繼續唱唱跳跳。道路崩塌，就像生活瑣事一般。

19
蹲點社區：路上教會（彰化縣）
蹲點成員：鄭家琪（世新大學 廣播電視電影學系電視組）
鄭靜怡（世新大學 廣播電視電影學系電視組）

洪傳道提到很想放棄國中班，但是當他問學生：「陪讀對你們來說有什麼意義？」學生說：「沒有陪讀班就連聯絡簿都不會帶回家。」

20
蹲點社區：澎湖新住民服務中心（澎湖縣）
蹲點成員：莊竣翔（南華大學 傳播學系）
郭鎮偉（南華大學 傳播學系）

這群不是台灣人的「台灣人」，台灣人有真正重視他們嗎？她們有被自己最親的人當成自己人嗎？

二〇一一年

1
蹲點社區：吉娜工作室（高雄市）
蹲點成員：林東翰（政治大學 廣播電視學系）
黃聖鈞（政治大學 新聞學系）

幾十年來，顏牧師致力傳承布農族的語言和文化，擔負著上千族人心靈上的託付，以維護布農族的生存權與有尊嚴的生活。

2
蹲點社區：高雄市肢體障礙協會（高雄市）
蹲點成員：張芝綾（文藻外語大學 傳播藝術系）
倪顥瑄（文藻外語大學 傳播藝術系）

高雄的折翼天使庇護工場裡有許多身心障礙者，製作口罩賺取微薄工資，他們的精神給正常人啟發了珍惜擁有和感恩的生活態度。

3
蹲點社區：福音部落（花蓮縣）
蹲點成員：陳映芳（輔仁大學 影像傳播學系）
蘇冠享（輔仁大學 影像傳播學系）

福音部落裡有許多獨居老人缺乏照顧，幸好有發展協會幾位充滿愛心的婦女為他們送餐、處理簡單家務和照護。

4
蹲點社區：羅山社區（花蓮縣）
蹲點成員：簡永達（台灣大學 新聞研究所）
鍾心怡（台灣大學 新聞研究所）

羅山村的精神：「生產、生態、生活」，讓居民普遍擁有電腦與網路技能，把年輕人找回來，發展有機農業才能帶動周邊產業。

5
蹲點社區：山美部落（嘉義縣）
蹲點成員：蔡蕙玶（政治大學 廣播電視學系）
陳聿昕（政治大學 廣播電視學系）

樂觀的山美部落孩子們經常要幫忙家務，國高中孩子自行成立了服務性社團「o all go」，為社區進行服務、照顧學弟妹。

6
蹲點社區：山美部落（嘉義縣）
蹲點成員：林近（台灣大學 生物產業傳播暨發展學系）
杜文潔（台灣大學 生物產業傳播暨發展學系）

度過八八風災的山美部落，因著部落教室的持續運營陪伴孩子成長茁壯，未來希望鄒族年輕人能更深的認識自己文化。

7
蹲點社區：馬港社區（馬祖縣）
蹲點成員：林宗偉（政治大學 廣播電視學系碩士班）

黃孝典（政治大學 廣告學系碩士班）

發展經濟固然重要，馬祖不太適合過度發展，呼應馬祖不同的聚落、村莊都有自己的特色，觀光產業應該要適性發展。

8
蹲點社區：馬港社區（馬祖縣）
蹲點成員：張云瀞（東華大學 民族語言與傳播學系）
洪琇茜（台灣大學 新聞研究所）

馬港社區裡有媽祖天后宮及媽祖巨神像，這個充滿媽祖意象的地方有許多向上標語，「知足常樂」，馬祖人節儉但不小氣，值得都市人學習。

9
蹲點社區：信賢教會（新北市）
蹲點成員：林惟鈴（政治大學 歷史學系）
胡珮蓉（政治大學 廣播電視學系）

清澈的溪水中時時可見保育中的苦花魚，停在電線桿上的鳥類每日不同；我第一次看到獠牙還沒有長出來的小小活山豬！

10
蹲點社區：陽光課輔班（屏東縣）
蹲點成員：吳季恩（政治大學 廣播電視學系）
洪啟翔（淡江大學 法國語文學系）

課輔班賴光輝老師從涼山騎五十分鐘摩托車，到佳暮部落教小朋友創作沙畫。因小兒痲痺而隨時拿著拐杖的他，載著我們遍訪隘寮鄰近許多景點。

11
蹲點社區：楓林教會（屏東縣）
蹲點成員：彭俊陵（台灣藝術大學 廣播電視學系）
徐嘉凱（台灣藝術大學 廣播電視學系）

原本希望他們透過鏡頭說一些我們不知道的故事；但他們卻說出了對這個地方的感情與感謝，我們在剪輯作品時，仍然感動得熱淚盈眶。

12
蹲點社區：高士社區（屏東縣）
蹲點成員：唐京睦（政治大學 廣播電視學系）
蔡栯竑（政治大學 廣播電視學系）

協會積極地想讓部落變得更好：經濟上經營鑫工坊，在文化上請台大人類學系教授來研究石板屋遺址；在觀光上做了總體的社區營造。

13
蹲點社區：永樂社區（屏東縣）
蹲點成員：游子緯（台灣藝術大學 廣播電視學系）
周倖守（台灣藝術大學 廣播電視學系）

村長指著一座灰土小山說，這是早期工廠丟棄的「爐渣」，會禍遺好幾代子孫，只要他當村長的一天，就絕不會讓任何人把廢棄物倒在這片土地上！

14 蹲點社區：東岳村（宜蘭縣）
蹲點成員：高富諄（台北市立教育大學 歷史與地理學系）
蕭定恆（台北市立教育大學 歷史與地理學系）

這次教的是連許多大學生都不太會使用的專業影像處理軟體SONY Vegas和Adobe Photoshop，居然有兩位小學生會用！看他們專注和認真的神情，相信將來一定能運用所學！

15 蹲點社區：菁寮教會（台南市）
蹲點成員：吳岱芸（政治大學 廣告學系）
蕭逸凡（政治大學 廣告學系）

崑濱伯等當地農民對未來看得非常透徹，並沒有抱持過度美好的期待，也沒有自暴自棄。

16 蹲點社區：菁寮教會（台南市）（請見本書第七十四頁）

17 蹲點社區：林子內教會（台南市）
蹲點成員：林亮君（政治大學 廣播電視學系）
張易婷（政治大學 廣播電視學系）

這裡的孩子都很無微不至的體貼：發現你缺什麼便第一時間遞給你；當我們腳踏車落鏈時，就騎摩托車載我們；經常陪著走夜路，看我們進門才離開。

18 蹲點社區：林子內教會（台南市）
蹲點成員：閻雲襄（政治大學 傳播學士學位學程）
魏士捷（政治大學 廣播電視學系）

林子內最有名的就是美麗的社區營造：馬賽克壁畫、彩繪牆壁、裝置藝術、花草盆栽，全都是居民，包括小朋友和老人家合作的作品。

19 蹲點社區：愛國蒲教會（台東縣）
蹲點成員：潘瑀（政治大學 廣播電視學系）
張九瑄（政治大學 廣播電視學系）

當我們因為沒見過如此大的天牛興奮地又叫又跳時，部落的孩子撿起樹枝，準準地把樹上的天牛打落在他的掌心。原來，抓天牛不需要捕蟲網。

20 蹲點社區：卡大地布部落（台東縣）
蹲點成員：朱予安（政治大學 廣播電視學系碩士班）
鄭智謙（政治大學 廣播電視學系碩士班）

頭目們對儀式或習俗有很多的堅持，因為宗哥，我們才得以進入拍攝。部落青年請我們喝啤酒時笑著說：「第一次有人可以那麼近拍巴拉冠。」

21
蹲點社區：天恩關懷協會（台中市）
蹲點成員：林怡妏（台灣藝術大學 電影學系）
陳暐齡（台灣藝術大學 電影學系）

大樓、工廠都是長老收集資源回收的來源，不管下雨或烈陽、就算長滿蟲子、散發惡臭，長老都整理好再拿去回收場賣錢，堅持著營運天恩的心。

22
蹲點社區：耕心蓮苑教育基金會（新北市）
蹲點成員：林鈺惠（台灣藝術大學 電影學系）
許立衡（台灣藝術大學 電影學系）

以前曾在蓮苑讀書的學生組成青年團，每當有營隊或活動時就會回來幫忙。團員們大都從小相處並一直保持聯繫，所以感情非常好，想法很類似。

二〇一二年

1
蹲點社區：六龜天主堂（高雄市）
蹲點成員：郭薏珊（淡江大學 大眾傳播學系）
周傳雅（淡江大學 大眾傳播學系）

白髮蒼蒼的蔡益仙修女充滿智慧又有活力，為幫助六龜家境貧困的孩子讀到高中畢業，邀請輔大師生進行二至三年的遠距課輔，陪伴青少年完成學業。

2
蹲點社區：烏巴克藝術空間（高雄市）
蹲點成員：吳沛綺（台灣大學 新聞研究所）
吳思旻（台灣大學 新聞研究所）

擁有森林資源的茂林，村民藉由堅定信仰得到心靈上的滿足，積極向上，找到機會就前進，沒有機會時就努力過生活。

3
蹲點社區：黎明教養院（花蓮縣）
蹲點成員：黃資景（靜宜大學 大眾傳播學系）
馮宛郁（嶺東科技大學 應用外語系）

院裡的身心障礙者改變了健全身體的我們，當我想要為教養院裡的孩子做點什麼時，才發現他們帶給我的影響已遠遠超過我所能付出的。

4

蹲點社區：魯巴斯部落（花蓮縣）

蹲點成員：張嘉玲（靜宜大學 大眾傳播學系）

蔡宛綺（靜宜大學 大眾傳播學系）

在純樸簡單平凡的魯巴斯部落學到：如何放慢腳步、觀察周遭的人事物，也學到該如何好好對待周遭的人、愛的力量有多大就有多大的改變可能。

5

蹲點社區：鐵份部落（花蓮縣）

蹲點成員：張哲棋（高雄科技大學 資訊管理系）

盧昕妤（高雄科技大學 資訊管理系）

花蓮鐵份部落的阿美族人因戒嚴時期被禁止講母語，許多孩子連母語的名字都沒有。即便世代間的語言隔閡愈來愈大，族人仍以身為Amis為榮。

6

蹲點社區：花蓮縣花蓮文化協會（花蓮縣）

蹲點成員：黃詩羽（逢甲大學 中國文學系）

林妤珍（逢甲大學 中國文學系）

青年志工持續用心以營隊和多元學習課程培養小小志工，教育傳承、保存在地文化，不求回報的精神讓人感動。

7

蹲點社區：野桐工坊（苗栗縣）

蹲點成員：張湘晨（世新大學 數位多媒體設計系動畫組）

謝宜潔（世新大學 數位多媒體設計系動畫組）

尤瑪老師成立野桐工坊並開辦「色舞繞民族教育學園」（類似森林小學），以人本教育理念，從生活去教導孩童，讓孩子學習對自己負責。

8

蹲點社區：森林紅茶（南投縣）

蹲點成員：王嘉耀（政治大學 廣播電視學系）

趙人儁（政治大學 廣播電視學系）

經營茶廠的班長曾因有機生產成本高，一度打算關廠，只因消費者說：「如果你不做了，我們就沒茶好喝了」，就用樂觀精神繼續做最好的茶。

9

蹲點社區：東源村（屏東縣）

蹲點成員：陳柏文（東華大學 民族語言與傳播學系）

陳鈺尹（東華大學 中國語文學系副修傳播學程）

每年野薑花季，Vuvu（祖母）、姨娜（媽媽）組成的厤里巴廚坊鋪擺上許多部落的點心，希望有一天年輕人回來接手，傳承族人的文化與產業。

10

蹲點社區：楓林教會（屏東縣）

蹲點成員：黃雅琪（東華大學 民族語言與傳播學系）

陳佳瑜（東華大學 民族語言與傳播學系）

九月的屏東楓林有落山風，有人來這邊被風吹得滿身都是沙就不會想再來了，但樂觀的牧師和師母對楓林的愛永不變。

11
蹲點社區：高士社區（屏東縣）
蹲點成員：鄭郁琳（東華大學 民族語言與傳播學系）
張伊婷（東海大學 中國文學系）

高士部落是南台灣紅寶石，社區發展協會有群「快樂的傻瓜」，在美惠姐的帶領下從事社區營造與文化保存工作，雖壓力極大，仍堅持做對的事。

12
蹲點社區：新來義部落（屏東縣）
蹲點成員：甘祐寧（台南藝術大學 音像記錄與影像維護研究所）
詹皓中（台南藝術大學 音像記錄與影像維護研究所）

「新來義」的居民來自整個來義「鄉」，「新來義」是因為八八風災而形成的社區，對老一輩的原住民來說，山上就是他們的家，但風災過後部落有了永久屋，安全又方便的永久屋也造成了某種程度的文化斷層。

13
蹲點社區：永樂社區（屏東縣）
蹲點成員：黃奕函（政治大學 廣播電視學系）
張劭庭（政治大學 廣播電視學系）

台灣步入高齡化的社會，鄉下地區留不住年輕人，年邁的親人只有在家鄉等待。靠天吃飯的永樂居民捲起衣袖，努力為自己的家園奮戰。

14
蹲點社區：耕心蓮苑教育基金會（新北市）
蹲點成員：吳珈瑤（政治大學 廣播電視學系碩士班）
黃沛瑜（台灣師範大學 大眾傳播研究所）

陳瑞珠老師的「家倫課」強調，除了孩子從小扎根的品格教育，還有父母親的再教育，許多義工媽媽和家長們深受感動而投入這個大家庭。

15
蹲點社區：愛國蒲教會（台東縣）
蹲點成員：王彥荏（政治大學 廣播電視學系研究所碩士班）
鍾宜軒（政治大學 廣播電視學系研究所碩士班）

部落的人生活水準不比都市高，他們放棄都市人眼中的那些方便、娛樂和熱鬧，換到一種與自然共存共榮的樂活。

16
蹲點社區：卡大地布部落（台東縣）
蹲點成員：全懿儒（政治大學 廣播電視學系）
楊舒婷（政治大學 廣播電視學系）

卡大地布部落屬於卑南文化，族人很團結，對於自己文化、自己部落有著責任與榮耀。

17 蹲點社區：卡大地布部落（台東縣）
蹲點成員：李映昕（台灣大學 新聞研究所）
李欣宜（台灣大學 新聞研究所）

「愛的卡地布，噹！」跟著孩子們一起喊，有一種「我們是同一國的」感覺。在外的遊子最期盼的，就是來自家鄉的呼喚。

18 蹲點社區：林子內教會（台南市）
蹲點成員：吳禹（政治大學 廣播電視學系）
張子謙（政治大學 廣告學系）

很驚訝社區青年願意再回歸林子內，這裡彷彿有種療癒的效果，果真像是疲憊的心靈，在世間打滾之後，帶著沾滿塵土的面容回到了家鄉。

19 蹲點社區：臺東縣南迴健康促進關懷服務協會（台東縣）（請見本書第七四頁）

20 蹲點社區：臺東縣南迴健康促進關懷服務協會（台東縣）
蹲點成員：江函儒（輔仁大學 廣告傳播學系）
劉秝緁（輔仁大學 廣告傳播學系）

徐超斌醫師親口說出他的想法：「生活的目的在追求自身的幸福和快樂，生命的意義則是在別人的苦難上，看到自己的責任跟使命。」

志工組

1 蹲點社區：林子內教會（台南市）
蹲點成員：宋昕恬（台灣藝術大學 工藝設計學系）
孫偉淩（中央大學 財務金融學系）

林子內社區的老人們，由於家中的青年人口外移，大多都是獨居，過著樸實單純的務農生活，他們真正需要的只是一份真心相伴的溫暖以及理解。

2 蹲點社區：林子內教會（台南市）
蹲點成員：蔡秉育（台南藝術大學 應用音樂系）
蔡雨涵（台南藝術大學 應用音樂系）

來到林子內教會，第一件讓我感受最獨特的就是教會與社區居民間緊密的聯繫。祝福彼此的生命裡，能因為人的相遇，多點不一樣的色彩，陪伴自己成長、點滴回味。

3 蹲點社區：陽光課輔班（屏東縣）
蹲點成員：張菀珈（輔仁大學 法律系）
洪珮容（輔仁大學 社工系）

這個夏天，愛上了純樸的屏東小鎮。比起台北匆忙的生活，這裡的步調變慢了，作息變正常了，在夕陽餘暉下，大手牽小手散步回家，這種短暫的愜意還真不賴。

4
蹲點心得：黎明教養院（花蓮縣）
蹲點成員：吳廷淯（台灣大學 獸醫學系）
蔡宜珊（暨南國際大學 國際企業學系）

他的右手抓著我的左手，他的左手摸著他的胸口，轉過頭來面對我，微笑。這畫面，深深刻入了我的心中，他們給我們的感動，可以讓我們為了服務的理想繼續堅持下去。

5
蹲點社區：善牧基金會　新北市西區跨國婚姻家庭服務中心（新北市）
蹲點成員：邱涵湘（淡江大學 英文系）
廖珮汝（淡江大學 英文系）

新住民小朋友比起一般的台灣小孩需要更多的關懷和照顧，保有特殊且珍貴的文化背景對他們來說是一項考驗，也是我們台灣社會要更加關注的一項議題。
二〇一三年

1
蹲點社區：福音部落（花蓮縣）
蹲點成員：鄧皓允（成功大學 醫學系）
李大成（成功大學 醫學系）

「你們每一個人都是彼此的老師」，邦文老師曾在課輔班上對孩子們這麼說過，其實來到這個部落的我們，才是真正的學生。

2
蹲點社區：花蓮家扶中心（花蓮縣）
蹲點成員：唐韻甯（台灣大學 生物產業傳播暨發展學系）
姜子涵（台灣大學 工商管理學系）

一開始想像會遇到受不當對待的兒童，或者是孤苦無依的長者，沒想到卻是記錄一群「媽媽」，一群大多單親隻手撐起家庭重擔的堅強女性。

3
蹲點社區：羅山社區（花蓮縣）
蹲點成員：程晏鈴（台灣大學 新聞研究所）
黃韵庭（政治大學 廣播電視學系碩士班）

我在羅山看到的是一種積極向前的力量，在高齡人口占多數的土地上，老人家還是努力地想為下一代尋覓一個回鄉的理由。

4 蹲點社區：不舞作坊（嘉義縣）
蹲點成員：蔡晴羽（成功大學 資源工程研究所）
李雅芝（成功大學 資源工程研究所）

用「塔山下永遠的部落」來形容「來吉」最貼切不過，即使經過八八風災，還是有一群人持續努力，希望讓來吉恢復成美麗部落，甚至比以前更美。

5 蹲點社區：瑪納有機文化園區（嘉義縣）
蹲點成員：簡鈺璇（政治大學 新聞學系）
王家瑜（政治大學 新聞學系）

原來在這兒的幸福是這麼簡單，我是被大地養育的孩子，但下田時手觸碰土壤、灑下玉米種子，才真正感覺到跟土地有了溫暖的互動和連結。

6 蹲點社區：台灣肯納自閉症基金會（台北市）
蹲點成員：侯安逸（新竹教育大學 教育心理與諮商學系）
劉育秀（新竹教育大學 教育心理與諮商學系）

我以為我會很瞭解肯納園的孩子，但每個人狀況都不同，還是花了幾天的時間來熟悉。看到他們開始願意和我們互動，很感動。

7 蹲點社區：良顯堂社會福利基金會（南投縣）
蹲點成員：曾俞凱（政治大學 新聞學系）
潘子祁（政治大學 新聞學系）

為了維護生命中僅存的歸屬感，廟堂和街頭聚集的夥伴是他們現在的家人；原生家庭只剩模糊記憶，是他們不喜歡也不想面對的記憶。

8 蹲點社區：溪底遙學習農園（南投縣）（請見本書第八二頁）

9 蹲點社區：吾拉魯滋部落（屏東縣）
蹲點成員：湯景雯（成功大學 土木工程學系）
陳慧儀（成功大學 材料科學與工程學系）

這段日子一再感受到部落長輩和孩子們的熱情與樂天知命。他們幽默的語調、笑得瞇成一條線的雙眼、一口亮白的牙或熾熱的眼神，瓦解了我的心。

10 蹲點社區：永樂社區（屏東縣）
蹲點成員：李惠瑜（勤益科技大學 文化創意事業系）
蔡伃虹（勤益科技大學 文化創意事業系）

傍晚是社區最熱鬧的時候，大人聚集聊天，小孩子在裡面玩耍。聽著談笑風生、嬉戲歡愉的聲音，看著眼前的百年古厝，突然感覺到它在笑！

11
蹲點社區：永樂社區（屏東縣）
蹲點成員：余培筠（文藻外語大學 傳播藝術系）
吳怡文（文藻外語大學 傳播藝術系）

在蓮霧園中，剪枝阿姨在陽光下辛勤工作著，毫無怨言，我在想：「果實之所以甜美，是因為栽種者用心」。

12
蹲點社區：耕心蓮苑教育基金會（新北市）
蹲點成員：周俊傑（台北科技大學 電機工程系）
蔡岳庭（台北科技大學 電機工程系）

發現蓮苑跟「台北」很不同，老舊的電線桿、矮房子、市場的豆花、親近人的動物與堅強的生命，以及充滿人情味的社區跟老師們。

13
蹲點社區：卡大地布部落（台東縣）
蹲點成員：蕭筱宣（逢甲大學 風險管理與保險學系）
劉乃華（逢甲大學 中國語文系）

兩個都市俗，一開始不知道怎麼跟他們相處，但在放下那名為規範的框架後，我們開始融入在地生活文化和方式，開心地一起為即將舉辦的文化成長班努力。

14
蹲點社區：卡大地布部落（台東縣）
蹲點成員：許鈺屏（政治大學 新聞學系）
葉詠馨（政治大學 財務管理學系）

在部落裡，我看見了另一種生活的方式、另一種尋找自我的方式。在族人的眼睛裡，我看見部落的信仰與自我認同，那是一種在別的地方都找不到的堅定。

15
蹲點社區：原愛工坊（台東縣）
蹲點成員：李富生（清華大學 人文社會學院學士班）
彭海葳（清華大學 人文社會學院學士班）

原愛工坊裡的爸爸媽媽因為有了這份工作，可以維繫住家裡的開銷，有了經濟上的依靠，孩子可以開心的上學。

16
蹲點社區：菁寮教會（台南市）
蹲點成員：呂宜蓁（政治大學 廣播電視學系）
鄭乃蓉（政治大學 地政學系）

菁寮的有機稻主要是崑濱伯在種，他是讀過書的農人，知道精緻農業的趨勢，加上《無米樂》的免費行銷，銷售比其他農人好很多。

17
蹲點社區：林子內教會（台南市）
蹲點成員：簡意臻（淡江大學 大眾傳播學系）
甘育瑜（淡江大學 大眾傳播學系）

這裡有個很特別的地方，教會和社區生活館的門從不上鎖，或許這就是居民對彼此之間的信賴吧。對林子內的人來說，教會就像是他們第二個家。

18

蹲點社區：林子內教會（台南市）

蹲點成員：黃瀞嫻（輔仁大學 新聞傳播學系）
張詠絜（輔仁大學 新聞傳播學系）

孩子們努力的按照步驟、討論、拍照。他們所拍的照片巧妙地運用到前一天所教的東西，還能將照片串成一個有意義的故事，讓我們驚奇又感動。

19

蹲點社區：台南市基督教疼厝邊全人發展關顧協會（台南市）

蹲點成員：賴淳懿（政治大學 廣播電視學系）
蔡易錦（政治大學 廣播電視學系）

語言是新住民媽媽融入台灣社會最大的障礙。而我們接觸了她們的孩子、工作、家庭，也跟著感受到她們在台灣生活的辛苦。

20

蹲點社區：新北市喜樂心靈關懷協會（新北市）

蹲點成員：卓紫嵐（台灣藝術大學 廣播電視學系）
林怡汶（台灣藝術大學 廣播電視學系）

孩子們不能決定原生家庭，但是積極正向的態度卻掌握在自己手中，他們能夠改變所處的環境，帶給身邊的人幸福快樂，相信那天終將來到。

21

蹲點社區：東岳村（宜蘭縣）

蹲點成員：林冠維（中央大學 經濟學系）
莊棨惟（清華大學 人文社會學士班）

透過彼此的互動與交談，漸漸地我們融入了這裡的生活，隨著東岳一起呼吸，真正體會到人情。這和一般走馬看花的旅行完全不一樣，不會隨著時間被淡忘，至少我會記著一輩子。

22
蹲點社區：華山華南社區（雲林縣）
蹲點成員：張庭瑜（台灣大學 新聞研究所）
王思澄（台灣大學 新聞研究所）

我們藉由「吃」和社區建立關係，開始認識並愛上這個地方。期望華南社區能有更好的發展、有更多人認識這片土地，但也希望它能保有最珍貴的單純。

23
蹲點社區：口湖鄉老人福利協進會（雲林縣）
蹲點成員：王雅盈（南華大學 傳播學系）

為了要呈現出海捕蚵的情形，我苦苦守在港邊等候漁船的出入，也透過這次的拍攝，讓我更加了解原來我們吃入嘴裡的美味是如此得來不易。

24
蹲點社區：路上教會（彰化縣）
蹲點成員：房星余（政治大學 廣播與電視學系）
謝佩雯（政治大學 廣播與電視學系）

這是個缺少「陪伴」的社區。我看到：她孤獨走在可能隨時都會倒垮的屋簷下、她孤獨坐在家門外的樹下、她孤獨看著日出和日落。

二〇一四年

1
蹲點社區：羅山社區（花蓮縣）
蹲點成員：陳雅涓（雲林科技大學 視覺傳達設計系）
陳雅甄（雲林科技大學 視覺傳達設計系）

在村里好像沒有誰不認識誰，人跟人之間的距離很近。掉下來乾掉的龍眼瞬間成為小孩們的遊戲，那一刻我也笑了，因為純真，因為如此簡單。

2
蹲點社區：鐵份部落（花蓮縣）
蹲點成員：李旻芮（政治大學 廣播電視學系）
劉冠琳（政治大學 英國語文學系）

雄哥常說：「這裡的土地很黏人。」鐵份的風景、可愛的人事物，離開後才有真正的影響。但回到都市，保持距離是都市人的禮貌。

3
蹲點社區：財團法人良顯堂社會福利基金會（南投縣）
蹲點成員：劉京樺（台灣大學 生物產業傳播暨發展學系碩士班）
卓宛嫺（台灣大學 生物產業傳播暨發展學系碩士班）

在台灣的中心，我感受到善的脈搏緩緩地跳動。也讓像小班這樣有理想的人能夠在這實踐他的社會關懷，成為社區生命中的某股暖流。

4
蹲點社區：阿禮部落（屏東縣）
蹲點成員：陳俊達（清華大學 數學系）
李軍廷（清華大學 電機系）

他們要想的問題好多，你看到源於獵人血液中的勇氣與膽識，源於百合文化的分享與無私。你滿載收穫而歸，但最想做的，是感謝。

5
蹲點社區：東源村（屏東縣）
蹲點成員：高育琴（政治大學 廣播電視學系）
林詩函（政治大學 廣播電視學系）

在東源村的每一天、每一個人都是溫暖的。也因此分離時很困難，但不怕，他們說東源村歡迎我們再度光臨。

6
蹲點社區：楓林教會（屏東縣）
蹲點成員：陳泓瑋（嘉義大學 獸醫系）
林羿寧（嘉義大學 教育系）

每天看牧師和師母開著車到處奔波，他們真的把整個楓林教會當成一個家。我想，我已慢慢找尋到生命的真理了，那就是愛與付出，不求回報。

7
蹲點社區：高士部落（屏東縣）
蹲點成員：潘韋如（虎尾科技大學 休閒遊憩系）
劉佳玟（虎尾科技大學 休閒遊憩系）

高士部落的美惠姊，帶我們了解部落的現況以及五年祭的故事，她和自己的家人一同在這裡尋找到人生新的意義，回饋一份對家鄉單純的愛。

8
蹲點社區：吾拉魯滋部落（屏東縣）
蹲點成員：羅宣儀（暨南大學 休閒學與觀光管理學系）
李翊彤（暨南大學 休閒學與觀光管理學系）

阿福大哥總是喜歡取笑我們，但卻總給我們最大的支持。很幸運地，可以離這些美好如此接近，能用最貼近的心感受部落的點滴。

9
蹲點社區：永樂社區（屏東縣）（請見本書第九二頁）

10
蹲點社區：永樂社區（屏東縣）
蹲點成員：陳奕蓁（世新大學 廣播電視電影學系）
黃雁翊（世新大學 公共關係暨廣告學系）

「蓮霧哲學」：往後遇到問題的第一時間，應該就不會是洩氣，而是打起精神設法衝破困境！

11
蹲點社區：卡大地布部落（台東縣）
蹲點成員：孫興懿（中興大學 歷史系）
劉宇庭（中興大學 歷史系）

儘管疲倦，當小弟弟小妹妹們喊著哥哥姊姊時，他們仍會馬上很有耐心地回應。整個部落裡的人都像自己的家人一樣。

12 蹲點社區：卡大地布部落（台東縣）
蹲點成員：劉怡君（東海大學 經濟系）
許雅琪（東海大學 會計系）

不論是大朋友或小朋友都喜愛唱歌，也許可以試著聆聽這貼近大自然最真切的聲音，使這份色彩永不退色。

13 蹲點社區：臺東縣南迴健康促進關懷服務協會（台東縣）
蹲點成員：李柔（政治大學 傳播學士學位學程）
林瑞敏（政治大學 廣播電視學系）

在他們對未來的想望中，早已將傳統文化深深放在裡頭；每個身在部落的人，都感到幸福。讓我們跟著族人一起吼：收穫節快樂！

14 蹲點社區：菁寮教會（台南市）
蹲點成員：劉馨宜（輔仁大學 新聞傳播學系）
陳俞廷（輔仁大學 社會學系）

菁寮的孩子沒有足夠的學習資源，但擁有更寬廣的天空和「心胸」。一位心思很細膩的男孩在學習單寫下：「我以後想當作家，寫書給大家看。」請好好守護著夢想的幼苗。

15 蹲點社區：林子內教會（台南市）
蹲點成員：盧映帆（義守大學 大眾傳播學系）
連貞雅（義守大學 大眾傳播學系）

回憶，是最不會被遺失的東西。教會像家，真的像家，像朋友一樣打鬧，互相拌嘴讓我們很快就可以融入這個大家庭。

16 蹲點社區：林子內教會（台南市）
蹲點成員：宋晨郡（政治大學 傳播學士學位學程）
林奕萱（政治大學 傳播學士學位學程）

他們的熱情、信任、微笑，讓我看到「人」最應該有的良善。小小的林子內承載著一股力量，醞釀著一股光芒，好想再看看大家的笑容和孩子奔跑的模樣。

17 蹲點社區：台灣黃絲帶愛網關懷協會（台南市）
蹲點成員：林怡君（逢甲大學 化學工程學系）
駱鑫臨（逢甲大學 化學工程學系）

在協會，每天的課間休息就是看著孩子們玩剪刀、石頭、布，加真人版格鬥天王。不過簡單快樂的童年，也加上了一些外人無法想像的辛苦。

18
蹲點社區：台南市基督教疼厝邊全人發展關顧協會（台南市）
蹲點成員：蕭涵方（台灣大學 會計學系）
郭彥伶（世新大學 口語傳播系）
我發現這些新台灣之子，有著比一般人更敏感的心，你需要讓他們感受到，他是重要的，我看到他們在很多事情都能自己處理，有別於同齡小孩的成熟。

19
蹲點社區：台中市婦幼關懷成長協會（台中市）
蹲點成員：王佳原（南華大學 傳播學系）
黃浚誠（南華大學 傳播學系）
阿伯的年紀是我的年紀乘以四，但是我們彷彿沒有隔閡一般地聊著天，長輩們的經驗都是好棒的寶物，所謂「家有一老，如有一寶。」

20
蹲點社區：台中市婦幼關懷成長協會（台中市）
蹲點成員：李芷亭（東海大學 中國語文系）
鄒惠安（東海大學 中國語文系）
他說因為媽媽上夜班，所以想等媽媽回家，所以他的同學說他像鬼。小小的他只是想要和媽媽相處久一點。

21
蹲點社區：天恩關懷協會（台中市）
蹲點成員：曾郁棋（台北教育大學 課程與教學傳播科技所）
吳政融（台北教育大學 藝術與造形設計學系）

第一天踏進天恩關懷協會，就被悠揚的教會聖歌洗禮，坐在台下的觀眾無一不用心諦聽，聖歌就像是一雙細膩的翅膀，環抱住坐在台下的我。

22
蹲點社區：華山華南社區（雲林縣）
蹲點成員：王歡（台灣師範大學 社會教育學系）
鍾瀞慧（台灣師範大學 設計學系）
我們穿梭在社區的每條小路，清楚的知道下個轉彎就是哪個伯伯的家。很多人問我暑假去了哪裡？做了什麼？答案是學會如何生活並發現幸福。

23
蹲點社區：口湖鄉老人福利協進會（雲林縣）
蹲點成員：沈宴緻（義守大學 大眾傳播學系）
李函儒（義守大學 大眾傳播學系）
我知道要從「感恩」開始學習，漁民對大海的尊敬、老人對老家的疼惜，還有主動為社區服務的人，無條件地擔起對這塊土地的責任。

24
蹲點社區：路上教會（彰化縣）
蹲點成員：黃宣萍（中興大學 森林學系）
徐子喻（中興大學 森林學系）
每天早上經過聚集起來的阿公阿嬤，我開始蒐集一個個的問候。「只有在這樣的地方，你能夠很輕易地感受到彼此心裡最善良的那一塊。」

25
蹲點社區：福音部落（花蓮縣）
蹲點成員：陳詠雙（政治大學 廣播電視學系）
林思妤（政治大學 廣播電視學系）
這裡的一切都很慢，人很慢、車子很慢，動物們也很慢。他們以一種再自然不過的步調，自在前進，做什麼事都不急不徐，卻都能好好完成自己的任務。

二〇一五年

1 蹲點社區：三峽復興堂（新北市）
蹲點成員：石乃欣（逢甲大學 國際貿易學系）
陳妍媗（交通大學 人文社會學系）
我們在教會生活著，從鏡頭內看著，心中的感動不曾消失；在教會內很多時刻都有這種感覺，很難用言語說出原因，但每個人都有這種默契，懂得彼此內心的悸動。

2 蹲點社區：天恩關懷協會（台中市）
蹲點成員：何和威（淡江大學 大眾傳播學系）
胡佳盈（淡江大學 大眾傳播學系）
社區小朋友能在以愛之名的地方茁壯成長，是雅比斯教會朱牧師一家人的陪伴，給予孩子們向善向上以及得到教育和信仰的安定。

3 蹲點社區：台中市聲暉綜合知能發展中心（台中市）
蹲點成員：王聖鑫（中興大學 森林系林學組）
林家揚（中興大學 森林系木材科學組）
想溝通的心有了，再加上說話時說慢一點、搭配一點點的肢體指引，這樣就可以溝通無礙了。「如果你覺得他們有障礙，那他們就真的會有障礙。」

4 蹲點社區：卡大地布部落（台東縣）
蹲點成員：游庭勛（義守大學 大眾傳播學系）
顏子賢（義守大學 大眾傳播學系）
小米祭族人遊街跳舞，跳到一半下起了大雨。勇士們把鞋子脫了，踩在柏油路上繼續賣力跳舞，吆喝聲強而有力！我套上雨衣，全程把他們的不屈不撓記錄下來！

5 蹲點社區：林子內教會（台南市）
蹲點成員：洪韵軒（彰化師範大學 公共事務與公民教育學系）
陳薏安（中原大學 應用華語文學系）
最難克服的就是擔任超級複雜闖關活動的總主持人！籌備期花了很多時間跟總召討論和請教；遊戲進行時，一邊講解一邊還得控制秩序。

6 蹲點社區：頂洲教會（台南市）
蹲點成員：陳君宜（政治大學 新聞學系）
董容慈（政治大學 新聞學系）
我們跟一位弟弟去看他們家養的八百隻豬，小小年紀的他搬著六百斤的飼料餵豬，難怪他每天下午五點半總說有事要忙；這下完全顛覆我對他愛玩、搞怪的初印象。

7
蹲點社區：菁寮教會（台南市）
蹲點成員：張殷華（淡江大學 大眾傳播學系）
曾琪婷（淡江大學 大眾傳播學系）

阿賢媽媽第一次見面就熱情邀約我們一起包越南春捲。三合院裡此起彼落的笑聲，空氣中飄著的魚露味，真的是很酷的菁寮之夜。

8
蹲點社區：台灣黃絲帶愛網關懷協會（台南市）
蹲點成員：陽柏雯（長榮大學 大眾傳播學系）
鍾欣妙（長榮大學 大眾傳播學系）

心疼孩子們的努力，不捨孩子們的勇氣，但最感到驕傲的，是他們的堅持到底。

9
蹲點社區：東岳村（宜蘭縣）
蹲點成員：廖宣懿（慈濟大學 醫學系）
盧靖雯（慈濟大學 醫學系）

我們拍攝，我們聊天，我們織布，我們射箭，還有親手做竹筒飯，我們也和阿嬤以及孩子們玩成一片，悠閒卻不悠哉，自在但也帶點挑戰的兩個禮拜。

10
蹲點社區：臺中市婦幼關懷成長協會（台中市）
蹲點成員：黃令華（政治大學 廣播電視學系）
曹芯慈（政治大學 廣播電視學系）

「愛在台灣，希望無限！」在辛苦的路段、沿著海岸線、或即將抵達休息的大榕樹前，腳踏車隊都會響起清亮又歡快的口號。他是來自育幼院的賢賢，大人口中的口號長。

11
蹲點社區：福音部落（花蓮縣）
蹲點成員：洪育增（暨南大學 經濟學系）
顏靜芬（中央大學 中國文學系）

頭目說：「你們要拍的是真實的內容，不管部落好的、壞的，你們要靠自己去發現，自己去觀察。不是透過我們來告訴你們！」

12
蹲點社區：魯巴斯部落（花蓮縣）
蹲點成員：繆承翰（逢甲大學 外國語文學系）
謝志謙（逢甲大學 外國語文學系）

每天Buffet級的菜色都是仰天長嘯的好吃。蛤？長老大姐你說什麼：「婦女會長是五星飯店主廚沒錯啊，教會裡有好幾個飯店主廚捏。」

13
蹲點社區：黎明教養院（花蓮縣）
蹲點成員：余念欣（輔仁大學 職能治療學系）
李家儀（中興大學 材料科學與工程學系）

進雞舍，都是咕咕聲和充滿糞便飼料夾雜的味道，徒手抓了一把滑溜、又濕又癢的蚯蚓；穿戴網帽進入蜜蜂場，眼前幾萬隻蜜蜂舞動。

14
蹲點社區：羅山社區（花蓮縣）
蹲點成員：林佩萱（高雄醫學大學 牙醫學系）
鄭惠文（高雄醫學大學 牙醫學系）

調皮搗蛋的恩恩昨晚為了寫出最棒的卡片去翻了字典，把最厲害的成語寫上去：「鵬程萬里」。或許我們的離開偷偷挾帶了他的心，真正是沒感情的壞蛋。

15
蹲點社區：鐵份部落（花蓮縣）
蹲點成員：董兒馥（台北市立大學 心理與諮商學系）
劉巧瑩（台北市立大學 心理與諮商學系）

奶奶有規律地踩著踏板，裁縫車上有極為精美的金色雕花。她自信地介紹親手做的一件件衣服，一個個圖騰，都是自己設計、無師自通的。

16
蹲點社區：森林紅茶（南投縣）
蹲點成員：林庭瑀（政治大學 廣播電視學系）
陳湘茹（政治大學 廣播電視學系）

這裡的人對我們這麼好，我好恐懼；除了擔心沒有辦法好好地呈現這群人的生活，還有：「你們走了之後就不會再回來啦！」我知道這句話不止一半是真的。

17
蹲點社區：永樂社區（屏東縣）
蹲點成員：張庭慈（高雄科技大學 企業管理系）
楊宓縈（高雄科技大學 企業管理系））

一天夜晚，阿德哥哥如旋風般帶來了兩大包的鹹酥雞，攤開如一座小山。他們對我們的好，不止份量驚人，完全不計得失。

18
蹲點社區：東源村（屏東縣）
蹲點成員：黃若涵（逢甲大學 建築系）
謝端硯（台北科技大學 建築系）

族裡的人並不喜歡擋土牆上的創作，雖是原住民元素，但看在當地人眼中，那些作品是外界單方面的置入，並不「真正」屬於自己文化。

19
蹲點社區：新來義部落（屏東縣）
蹲點成員：林子濠（政治大學 新聞學系）
詹金達（政治大學 廣播電視學系）

那些模糊的歲月在跟他們打棒球、玩疊疊樂、玩跳棋中逐漸清晰，我可以不顧自己已經二十歲的包袱，盡情奔跑、表露歡欣，甚至耍賴。

20
蹲點社區：楓林教會（屏東縣）
蹲點成員：張品雯（東海大學 中國語文系）
彭韻如（東海大學 中國語文系）

當你真正的走進楓林時，會越陷越深、不可自拔。沒有人能教你融入當地的秘訣，一切都需要摸索與體驗，用最謙卑的姿態才能得到最真摯的話語。

21
蹲點社區：野桐工坊（苗栗縣）
蹲點成員：許懷方（清華大學 外國語文系）
蒯怡靖（暨南大學 外國語文系）

低遠渾厚的聲音響起，其他青年加入應合，悠遠嘹亮的歌聲和鳴成太魯閣原住民的相見歌，Yuma老師找來羅娜和其他小朋友齊聲唱泰雅族的織布歌當回禮。

22
蹲點社區：口湖鄉老人福利協進會（雲林縣）
蹲點成員：甘紫吟（南華大學 傳播學系）
楊媛甯（南華大學 傳播學系）

去游泳池需要半小時車程，租遊覽車需要錢，因此學校不可能安排游泳課，當日後游泳成為必修課時，在資源匱乏環境中成長的孩子就只能一路辛苦追趕。

23
蹲點社區：路上教會（彰化縣）（請見本書第一〇〇頁）

24
蹲點社區：臺東縣南迴健康促進關懷服務協會（台東縣）
蹲點成員：張祐慈（東華大學 民族語言與傳播學系）
莊琬宜（東華大學 民族語言與傳播學系）

晚餐後六年級到二年級的孩子們依序到水龍頭前洗碗、擦桌子及搬桌子。接著他們練習在小米收穫祭的表演。一個拔高音開始，清唱歌聲穿透力十足，令人驚豔。

二〇一六年

1 蹲點社區：福音部落（花蓮縣）
蹲點成員：楊茜如（東海大學 社會學系）
李侑蓉（東海大學 外國語文系）

看見大家對部落的認同與熱愛，真的很令人感動，大家隨著歌聲起舞，享受當下的每分每秒，拉近了人與人之間的距離。

2 蹲點社區：黎明教養院（花蓮縣）
蹲點成員：徐郁婷（長榮大學 大眾傳播學系）
梁詩涵（長榮大學 大眾傳播學系）

大肯朋友們、老師們在向陽園所付出的都不是十分鐘的影片能說完的。畫面背後的故事，只有當事人和親身接觸的我們才能體會。

3 蹲點社區：魯巴斯部落（花蓮縣）
蹲點成員：吳珮如（長榮大學 大眾傳播學系）
蔣艾婕（長榮大學 大眾傳播學系）

有時候會羨慕小孩子的學習力，因為喜歡就會把一件事情學到好，其實更多的是我們向孩子們請教當地的問題，他們也是我們的老師呢。

4 蹲點社區：鐵份部落（花蓮縣）（請見本書第一一二頁）

5 蹲點社區：山美部落（嘉義縣）
蹲點成員：李庭均（台北教育大學 幼兒與家庭教育學系）
陳怡穎（台北教育大學 幼兒與家庭教育學系）

「拍紀錄片之前，先學習生活吧！」我們在許多時候選擇放下攝影機，雖然內心常有著掙扎，卻發現自己更貼近整個部落。

6 蹲點社區：野桐工坊（苗栗縣）
蹲點成員：呂家瑜（雲林科技大學 視覺傳達設計系）
王芮羚（雲林科技大學 視覺傳達設計系）

阿姨說她的孩子已經完成了學業，在都市裡工作，她來這邊工作希望能幫忙貼補一些家用。那一刻，我看到的是一個母親滿足的笑容。

7 蹲點社區：楓林教會（屏東縣）
蹲點成員：蘇暐凱（世新大學 傳播管理學系）
莊立誠（世新大學 新聞學系）

這裡的小孩跟平地的比起來很不一樣，有很多小朋友幾乎把教會當作是另一個家，在他們的眼神看不到任何擔憂、不快樂。

8
蹲點社區：高士部落（屏東縣）
蹲點成員：葉冠吟（政治大學 新聞學系）
林星妤（政治大學 廣告學系）

高士的大家把我和星星當成一份子，什麼事情都把我們算進去，每天簡單卻美味至極的早餐和晚餐，都是我和星星在高士留下的最美回憶。

9
蹲點社區：善導書院（屏東縣）
蹲點成員：黃媛榆（台灣科技大學 營建工程系）
莊佳樺（台灣科技大學 工商設計系工業設計組）

聊著聊著便談到八八風災，村長似乎微微紅著眼眶。雖然長輩們每次跟我們聊天都是嘻嘻哈哈，但是這個疤痕卻深深存留在他們心中。

10
蹲點社區：吾拉魯滋部落（屏東縣）
蹲點成員：陳冠宇（逢甲大學 行銷系）
江興亞（輔仁大學 心理學系）

騎車往部落的路上，飄來淡淡咖啡香。用最真實的一切去貼合大自然，就像他們常說的，所有一切都是靠天吃飯。

11
蹲點社區：新來義部落（屏東縣）
蹲點成員：曹雅涵（淡江大學 大眾傳播學系）
郭珮君（淡江大學 大眾傳播學系）

認識這裡的小朋友，是來到這裡最棒的禮物。總是容易在某個角落遇到，他們也都樂得當我們的嚮導，以小朋友的視角認識這裡。

12
蹲點社區：永樂社區（屏東縣）
蹲點成員：李松育（淡江大學 大眾傳播系）
馬翰文（淡江大學 大眾傳播系）

「有時候說孤獨，其實也是一種自由」大哥是一位每個禮拜都自己開著車，享受一個人輕旅行的人。唯一能夠對話的對象，只有自己以及觸手可及的大自然。

13
蹲點社區：卡大地布部落（台東縣）
蹲點成員：洪湘婷（交通大學 傳播與科技學系碩士班）
孫以家（交通大學 傳播與科技學系碩士班）

蹲點期間最喜歡的莫過於卡大地布的人們吧。有時候他們會心直口快，我們時不時地被嗆得滿身彈孔，但我們非常樂在其中。

14
蹲點社區：台灣黃絲帶愛網關懷協會（台南市）
蹲點成員：蔡宇蓁（世新大學 新聞系）
方歆雅（世新大學 廣播電視電影學系電影組）

在蹲點期間，感受到的比學習到的還要更多。「回到最初的一個點，就是每一個孩子都渴望愛。」我感受到的是那份特別的情，來自黃絲帶的你們。

15
蹲點社區：菁寮教會（台南市）
蹲點成員：陳映彤（政治大學 廣播電視學系）
蔣涵如（政治大學 廣告學系）
來到這裡我反而像回到家一樣放心。我們曾在稻田遊蕩時遇到一位阿嬤，熱心的帶我們拍他的稻田，那天的傍晚陽光很燦爛。

16
蹲點社區：林子內教會（台南市）
蹲點成員：朱韻蓉（政治大學 廣告學系）
李柔萱（政治大學 廣告學系）
平常害羞不太說話的阿如媽媽主動問我們要不要看他們的結婚紀念照，我們就聽著爸爸跟媽媽翻著、指著照片上年輕的他們，這大概就是最單純美好的事了吧！

17
蹲點社區：林子內教會（台南市）
蹲點成員：王子筠（高雄大學 西洋語文學系）
林季儒（中興大學 外國語文學系）
花屋原本雜亂不堪，但在牧師推動社區營造之下變成了林子內最美的地方之一，對於牧師的奉獻很感動佩服，願意一起盡一份力來耕耘社區。

18
蹲點社區：台中市聲暉綜合知能發展中心（台中市）
蹲點成員：黃芷琳（銘傳大學 新聞系）
廖翊婷（銘傳大學 新媒體暨傳播行銷管理學系）
「我下次寒假還會來，我希望你也可以來，不是來拍照，還有維尼姐姐也一起來，你可以在照片裡。」原來小朋友都知道我並不是故意不陪他們的，謝謝他們願意了解我。

19
蹲點社區：天恩關懷協會（台中市）
蹲點成員：賴心樺（世新大學 新聞學系）
許芳瑄（世新大學 新聞學系）
我們聊著自己居住的城市、聊著原住民的習俗和飲食習慣。我很享受這種入境隨俗的生活，能夠體驗牧師和家人的生活。

20
蹲點社區：臺東縣南迴健康促進關懷服務協會（台東縣）
蹲點成員：張昱秋（逢甲大學 行銷系）
朱利潔（逢甲大學 財稅系）
桌上有飛鼠湯、溪邊蝦子、泥鰍啊！完全就是讓我大開眼界，他們很開心的談話、很熱情的招待，不斷地說有多喜歡他們的文化並且感到驕傲。

21
蹲點社區：東岳村（宜蘭縣）
蹲點成員：方冬芩（政治大學 國際經營與貿易學系）
蘇容萱（政治大學 國際經營與貿易學系）

在看卡片的同時，奶奶居然哭了，還一直說著：「我會很想你們的。」人與人交會所擦出的火花，總是會在心中變換為一盞盞溫柔而強大的力量。

22
蹲點社區：華山華南（雲林縣）
蹲點成員：莊雅予（彰化師範大學 公共事務與公民教育學系）
曾晴（政治大學 日本語文學系）

到後期也為了配合阿伯的作息，養成六點起床、十點睡覺的好習慣。入夜後變得很安靜，而清晨是華南活力最充沛的時刻，原來生活可以這麼簡單。

23
蹲點社區：口湖鄉老人福利協進會（雲林縣）
蹲點成員：張庭瑋（政治大學 廣告學系）
陳鈺臻（政治大學 廣播電視學系）

有人說因為口湖是自己原生的故鄉，意義等同於「家」，在自己熟悉的步調中，尋找生活的目標與方法。

24
蹲點社區：路上教會（彰化縣）
蹲點成員：陳靖樺（逢甲大學 應用數學系）
朱曉彤（中原大學 特殊教育學系）

到了傍晚，他們仍留在教會，從玻璃窗隱約透出一些光芒，只有幾台電風扇嗡嗡地轉著，伴隨著歌聲與鋼琴聲、照著十字架的光芒練習著，如同教會的同工們為了上帝而不斷付出著。

25
蹲點社區：東源村（花蓮縣））
蹲點成員：陳昱伶（輔仁大學 應用美術系）
張家瑛（輔仁大學 影像傳播學系）

單純的為天空的雲感到興奮、為涼爽的風而心情愉悅、因潮汐的浪聲感覺平穩。從簡單的地方感受世界、認識生命、了解自己，才能更貼近物質的本質。

二〇一七年

1 蹲點社區：水源地文教基金會（台中市）
蹲點成員：賈恩祺（淡江大學 大眾傳播學系）
蕭伃庭（淡江大學 大眾傳播學系）
藉這次機會我們更認識植物人，也領受到生命教育。了解病患家屬面對變故時有多無助，明白一個基金會幫助到的不是只有受眾，還包含無數的家庭。

2 蹲點社區：邦查農場（花蓮縣）
蹲點成員：陳姿如（輔仁大學 新聞傳播學系）
黃馨慧（輔仁大學 影像傳播學系）
來到這裡才發現農民們純樸、樂觀、知足，但並不無知。四處漂泊的艱苦經歷淬煉成智慧，現在的他們知道自己在做什麼、為何而做。

3 蹲點社區：福音部落（花蓮縣）
蹲點成員：翁芊儒（政治大學 新聞學系）
林芷君（政治大學 廣播電視學系）
在男孩的未來藍圖裡，希望能提供部落老人們非勞力型工作機會，不用再頂著大太陽下田。老人家們聚在一起做裁縫、編織，也能多一點收入。

4 蹲點社區：魯巴斯部落（花蓮縣）
蹲點成員：黃姵薰（暨南國際大學 國際文教與比較教育學系）
吳依庭（暨南國際大學 國際文教與比較教育學系）
來到魯巴斯不是一場演出，不需要隱藏自己，不用假裝成是誰，在這裡只要做自己，和這片土地一起回歸到最純樸狀態，放鬆才能聆聽，才能與她對話。

5 蹲點社區：鐵份部落（花蓮縣）
蹲點成員：張海琦（輔仁大學 新聞傳播系）
周海婷（台灣大學 牙醫學系）
這裡的人們，為同伴著想、率直、真性情、有著原住民口音，他們也不總是意見一致；即使如此，他們同樣的愛鐵份這塊土地。

6 蹲點社區：瑪納有機文化園區（嘉義縣）
蹲點成員：劉佳汶（成功大學 台灣文學系）
許雅琦（台灣大學 社會工作學系）
「在瑪納什麼都有可能」這句話漸漸發酵，我們體驗完所有族人能夠提供給遊客的選擇：愛玉、陷阱、農務和生態旅遊……

7
蹲點社區：楓林教會（屏東縣）
蹲點成員：林佳俊（政治大學 廣告學系）
姚其宏（政治大學 傳播碩士學位學程）

老中青三代的最後夢想，都是回到這個地方安身立命，能夠把自己的所學一切帶回來，然後讓這個村子更好。

8
蹲點社區：高士社區（屏東縣）
蹲點成員：李翊甄（輔仁大學 新聞傳播學系）
司徒巧庭（輔仁大學 新聞傳播學系）

高士，真的很不一樣。好多年輕人回到部落，為了保存自己部落的文化而留下來。每個人都樂於向我們分享他們的故事，發現他們的共通點都是，那顆想為部落付出的心。

9
蹲點社區：高士社區（屏東縣）
蹲點成員：林于蘅（政治大學 新聞學系）
邱品懿（政治大學 新聞學系）

在與當地青年交流企劃書的撰寫、簡報的製作使用及報告技巧時，可以真切感受到他們對新知識的渴望，也才發現我們覺得很輕鬆簡單的事情，正是他們所缺乏的。

10
蹲點社區：慈惠善導書院（屏東縣）
蹲點成員：蕭書荷（台北教育大學 社會與區域發展學系）
陳孟佳（東海大學 哲學系）

年紀稍長的哥哥姊姊會主動帶著弟弟妹妹幫忙做事、清理環境；當有人生氣難過的時候，會主動安慰。好多好多的情境與畫面，真的看見他們的理解與體貼。

11
蹲點社區：新來義部落（屏東縣）
蹲點成員：林季柔（台北大學 社會工作學系）
林貞言（台北大學 社會工作學系）

新來義孩子不會「講不聽」，與他們對答的話語中，時常同理對方，更不會哭鬧無理要求。這十七天都和國小的孩子走在一起，但總覺得像一群非常成熟的大學生。

12
蹲點社區：永樂社區（屏東縣）
蹲點成員：黃庭莉（高雄師範大學 視覺設計系）
劉紫渝（高雄師範大學 視覺設計系）

對台灣土地有很多新的認識，也才發現，為什麼會有返鄉青年，只因為社區需要更多年輕人看見家鄉價值，留下來一同努力。

13
蹲點社區：卡大地布部落（台東縣）
蹲點成員：曾馨儀（東華大學 藝術創意產業學系）
陳嘉萱（東華大學 藝術創意產業學系）

這裡的人們好親近，好沒有距離感。走在路上縱使不知道他到底是誰，就互相問候了起來。在球場說一聲就一起打球，沒有性別年齡之分。

14
蹲點社區：頂洲教會（台南市）（請見本書第一二二頁）

15
蹲點社區：台灣黃絲帶愛網關懷協會（台南市）
蹲點成員：陳妤禎（政治大學 廣播電視學系）
丁品涵（政治大學 廣告學系）

每每在快要撐不住或是崩潰邊緣的時候，只要想起他們天真爛漫的笑容和毫無顧忌的笑聲，一切辛苦都是值得的。

16
蹲點社區：菁寮教會（台南市）
蹲點成員：呂晴（台灣師範大學 東亞學系漢學與文化組）
毛御亘（長榮大學 大眾傳播學系）

一個颱風打亂所有的計畫，這是人生中第一次如此痛恨颱風，也是第一次如此不想離開一個地方。我們的蹲點被迫止於第十四天，距離圓滿只差了一點。

17
蹲點社區：林子內教會（台南市）
蹲點成員：顏睿希（長榮大學 大眾傳播學系）
毛御亘（長榮大學 大眾傳播學系）

試著融入他們的生活，敞開心胸去認識他們，也把自己給他們認識；漸漸地，我們越來越熟了，在這裡發生的所有事情也顯得特別輕鬆。

18
蹲點社區：台灣老大人活力發展協會（桃園市）
蹲點成員：趙鈺瑛（彰化師範大學 生物學系）
戴鼎君（慈濟大學 醫學系）

長輩們的心態與想法都讓我們驚奇，桂蘭姐姐說：「我們不是老，只是比你們早出生而已啦！」我們立刻相視而笑，好喜歡，真的好喜歡。

19
蹲點社區：天恩關懷協會（台中市）
蹲點成員：胡育瑄（臺北大學 經濟學系）
李孟臻（東華大學 法律學士學位學程）

在牧師和協會當中我重新找到了對於「服務」的詮釋。促使牧師願意如此無償付出的，僅僅是因為這樣的一句話：「我們有能力就做下去吧！」

20
蹲點社區：東岳村（宜蘭縣）
蹲點成員：薛惟中（政治大學 新聞學系）
林彥宏（政治大學 廣告學系）

不僅瞭解了東岳的美麗，也懂了他的哀愁。正因為知道，才會更全面地愛這裡。

21 蹲點社區：華山華南社區（雲林縣）
蹲點成員：倪子涵（台北教育大學 社會與區域發展學系）
葉右祐（台北醫學大學 護理系）

在這裡真的撞見了很多善良，而大部分的善良都是經歷過快樂喜悲，平均六、七十年洗揀仍被保留、沉積下來的產物。

22 蹲點社區：口湖鄉老人福利協進會（雲林縣）
蹲點成員：吳怜音（政治大學 廣告學系）
許晏甄（政治大學 廣告學系）

自己的心和這裡的人與土地好像緊密地連結在一起了！是他們的陪伴與照顧讓我們能在口湖盡情地玩耍、恣意地呈現最純粹樣貌的自己。

23 蹲點社區：溪州莿仔埤圳產業文化協會（彰化縣）
蹲點成員：江佳玲（政治大學 歐洲語言學系法語組）
陳宥馨（台北教育大學 語文與創作學系文學創作組）

這裡的時間是可以用肉眼瞧見的脈動，答、答、答，規律且沒有止息的輕輕顫動著，感染土地上的人們，知道投下的種苗得以成長，得以開苞結果。

24 蹲點社區：林子內教會（台南市）
蹲點成員：陳盈螢（輔仁大學 新聞傳播學系）
游昊耘（台灣大學 生物產業傳播暨發展學系）

用行動改變社會，旅行在於行動的實踐、心靈的探索。希望透過服務社區，記錄在地故事，讓更多人認識這片土地最純粹的人情味與溫暖！

25 蹲點社區：彰化路上教會
蹲點成員：李冠鳳（臺北大學 社會工作學系）
陳佳妗（屏東科技大學 企業管理學系）

在蹲點的十六天中，燃起對生活的熱情、對台灣土地更多的好奇心。其實只要換個角度看事情，就會發現這片土地帶給我們的不僅僅是溫情與感動，還富含著自然原野裡的生命智慧，體會到敬天畏地、愛人惜物的精神。

Athletique
82

同場加映

台灣．越南，都是我的家

第一屆「蹲點．台灣．心南向」摘記

故事，是這樣開始的

二〇一八年，「蹲點．台灣」十週年了。這些年來，中華電信基金會安排一群群大學生暑期蹲點台灣、深耕社區，看到許多社區陸續有來自東南亞新住民加入，我們一直在想，要怎麼樣從旁協助這些新住民更快速融入社區、愛上台灣？

經過請益相關專家、達人之後，大家形成一個共識：要讓新住民第二代認識媽媽的文化，並以擁有兩種文化背景為榮。這樣，媽媽也會以自己的孩子為榮，更加融入台灣社會。因此，我們開始想像，讓新住民媽媽帶著孩子回到原生地，或許是一個推動的觸媒。

由於目前東南亞新住民中，來自越南者最多數；而根據統計資料，全台灣已經有七千多位的新住民之子正在唸大學，於是，第一屆蹲點海外的方向漸趨成熟，我們試著和學校及相關單位合作，透過推薦的方式，篩選出五組同學，每一組四人，包括一位新住民媽媽、她正在唸大學的子女以及兩位台灣同學共組團隊（或全隊新二代同學），在二〇一八年的寒假，第一屆「蹲點．台灣．心南向」正式出發到越南蹲點十六天。

▲二〇一八年寒假，第一屆「蹲點・台灣・心南向」正式出發到越南蹲點十六天。

外籍配偶人數

國家	人數	百分比%
中國（含港澳地區）	353,987	66.63
越南	100,774	18.97
印尼、泰國、菲律賓、柬埔寨、日、韓等其他國籍	76,523	14.4
總計	531,284	占全台2%

資料來源：內政部移民署（統計期間：1927年1月至2017年1月）

新住民子女就讀各級學校人數統計

各級學校	新住民子女人數	全台學生總人數	新住民子女占比%
國小	107,407	1,146,679	9.3
國中	73,894	653,273	11
高級中等學校	68,883	745,460	9.2
大專校院	24,684	1,183,056	2

資料來源：教育部終身教育司（106學年度）

因為拍紀錄片，打開了對話

在不短也不長的十六天，最重要的是必須拍攝一支十分鐘內的微紀錄片。因此，出發前要密集上課培訓：影像拍攝、越南文化通識、田野調查基礎、基本越南語等等。我們鼓勵新住民二代透過鏡頭記錄這第二個故鄉的故事，同時也探詢著媽媽背後的偉大。我們一直深信著，新住民之子擁有另一份文化的優勢，在他們身上流動著的，是兼融兩種文化因子的競爭力，這份特質，不該被漠視或輕忽；更甚者，要轉變為自身的光榮，當他們結束蹲點，重新回到台灣，更能昂首闊步邁向自己嚮往的生活。

由於拍攝任務的壓力，即使曾陪媽媽回娘家的新二代團員，也明顯感受必須努力更深入認識家人與對話。幸好有兩位大學同學一起組隊前往，既分工互助，又能以東道主身份引領台灣同學一起體驗越南生活文化。無論是團員之間的互動、一起與家人及環境的互動，都是一種全新的學習過程。

以下是各組的心得摘錄，也請上網觀賞大家拍攝的影片，相信對於越南的人事物，每位參與者，都會有不一樣的領悟。

1 蹲點成員：杜瑞鳳玲（新住民，黃翊庭之母）
黃翊庭（長庚科技大學 化妝品應用系）
黃孜勻（長庚科技大學 化妝品應用系）
許郁琪（長庚科技大學 化妝品應用系）

看影片

‧翊庭跟媽媽、越南家人的關係變得更緊密，拍了第一張家庭照。

〔立野回家去〕
媽媽，感謝有妳，我不再害怕會被歧視

「想拍這部紀錄片，是因為國小三年級的時候，媽媽離開我，我要扛起家裡所有的事情，那時候會想：為什麼妳拋下我就離開了……所以這一次回去，我一直在想，這個心結到底有沒有要解開。」翊庭在活動結束二個多月後的分享會上真摯分享心路轉折。

離鄉背井嫁到台灣，每一位新住民各有原因，但也都懷有台灣夢。她們在艱辛的適應新生活、新環境之下，除了必須的和傳統台灣媳婦一樣，逆來順受的相夫教子、照顧公婆，甚至賺錢謀生之外；更要面對種種對於東南亞籍配偶的不友善眼光。

黃翊庭很慶幸邀請了合作默契無間的班上同學黃孜勻、許郁琪同行，打算藉由拍攝紀錄片的過程，瞭解媽媽遠嫁台灣的原因。「國小時，有學妹從旁邊走過有歧視言語，也不敢跟媽媽或老師說。」不想讓媽媽知道，是翊庭不想讓媽媽自責的貼心，只能像許多新二代一樣，對於媽媽的背景不主動、不面對。然而，媽媽獨力扶養自己和弟弟的辛苦，年幼的翊庭卻沒辦法完全體會；直到這次有了拍紀錄片的機會，看到阿嬤談著因家庭經濟問題遠嫁台灣的媽媽而不捨落淚，「媽媽也是阿嬤的女兒」，「如果是我自己遠嫁到台灣，離婚後又因為小孩太小不能回越南，一定會崩潰。」

回想拍攝時大家哭成一團，夥伴孜勻也不禁哽咽「在訪問的過程中，大家都是真性情，翊庭的媽媽和外婆，平常都比較不會說出自己的感受」讓她想到自己和家人，「現在長大，有時候覺得心裡的話也不會對家人說，應該及時地對家人說出自己心裡的感受。」郁琪則在拍攝過程中受到翊庭家人照顧，「對我們就像對自己的家人一樣，會很熱情的問說，會不會渴啊，要不要吃東西啊？」感受越南人的熱情，也覺得「其實跟我們沒什麼差別。」

「平常回到越南就是吃喝玩，可能睡到中午十二點起來吃個飯、玩一下。」這一次因為蹲點拍攝紀錄片的壓力，翊庭第一次陪媽媽和外婆去市場買菜，體驗到很多不一樣的風俗民情；也第一次去了解家族的歷史、家庭的故事，更因此在越南拍了第一張全家福。讓翊庭感到更驕傲的地方是，這一次讓未曾出過國的好夥伴孜匀、郁琪來到越南，打破了彼此對越南的刻板印象，愛上越南人的單純和熱情，「我想身為新二代的我，會勇於告訴別人我的媽媽是越南人，我也算是半個越南人，不再害怕會被歧視的問題。」

．第一次陪媽媽和外婆去市場買菜，體驗不一樣的風俗民情。

．外婆給了有成一個大大的擁抱，即使語言不通，仍能感受到她的愛。

2 蹲點成員：高黃燕（新住民，羅有成之母）
羅有成（輔仁大學日文系）
黃郁雯（輔仁大學日文系）
柯柔因（政治大學 社會學系）

看影片

〔移起回家〕
當媽媽點香祭拜祖先，我心裡默唸「我是子孫，我回來了」

「還記得前往外婆家的那一天，外婆給了我一個大大的擁抱，即使和外婆語言不通，仍能確實地、牢牢地感受到她的愛；舅舅的兩個小女兒則為了歡迎我特別向學校請了假，還練了好幾首歌曲與舞蹈準備表演給我看。一開始還覺得自己只不過是一個很久沒回來、只是單純回來吃飯的人，但從與每個人的擁抱和笑靨中，實實在在地感受到我身為這個家庭的一份子。」越南家人熱情的歡迎，使有成受寵若驚；而媽媽帶著有成點香祭拜家裡的祖先，當心裡默唸著「我是這個家的子孫，我回來了」更讓有成有了回到家鄉的實質感受，「重新喚起了身份認同。」

媽媽表示，過去幾次想教有成講越南話，但有成總會嚷著「我愛台灣、我愛台灣」地閃躲；而周遭環境對於東南亞籍配偶的種種負面言詞「好像我們來到這裡，沒有人要的男生才會輪到我們」不但讓媽媽受傷，也讓有成在整個成長過程中更加迴避自己的越南背景。然而，這一次的蹲點，有成慢慢地轉變，「他們的人就是這麼真實⋯⋯不能因為國家的發展而貶低生活在這裡的人」，慢慢地放下對於越南的偏見。

看著有成的轉變，同行的郁雯也很替他開心「畢竟當初是我找他來參加這個活動，很希望他可以從裡面有所獲得。」看到有成和越南家人的互動，「雖然他們語言不通，還是可以玩得很開心⋯⋯我想家人，其實是沒有什麼障礙的。」

另一位夥伴柔因，則開始省思自己和爸爸的關係。爸爸從馬來西亞來台工作，柔因從小也選擇逃避爸爸的故鄉，「小時候會非常抗拒跟別人說爸爸是什麼樣的人」，「很不想回馬來西亞」，但這次看著有成在越南找回了家的感覺，也讓自己開始想去瞭解自己的故事、爸爸的故事。

如同郁雯在蹲點結束後的心得裡寫到，「我想這就是『蹲點』一個很重要的精神，當我們蹲下來融入當地，拋掉自己的成見，獲得的東西將會是你所意想不到的。」也許當你給了自己機會，「蹲點」會是打開人生另一扇窗的契機，也是給人生的祝福。

．有成實實在在地感受到自己身為這個家庭的一份子。

・對新二代而言，「回外婆家」從來不是一場說走就走的探親。

3 蹲點成員：阮金紅（新住民，何子斌之母）
何子斌（台灣大學 國際企業學系）
劉千萍（東吳大學 政治學系）
凃虹香（台中科技大學 財務金融系）

看影片

〔心找西貢〕
從十多分鐘的紀錄片看到三個不同家庭的故事

「三個沒拍過影片的大學生，踏上了紀錄片的製作之途，而我們的田野是遠隔海峽，飛行需花三小時方能抵達的外婆家──越南」千萍在心得裡，寫出了即將出發蹲點的期待，也點出了新二代回外婆家的辛苦。

分別就讀不同學校的子斌、千萍、虹香，才剛因移民署的新二代活動相識，感情卻好得像是青梅竹馬一般。然而，家家有本難念的經，雖然都是台越家庭第二代，但每個人都有著不同的故事。

──千萍感慨地說，「對新二代而言，『回外婆家』從來不是一場說走就走的探親，許多新二代不曾看過母親故鄉。」自己已經十七年未曾踏入越南，「很

・不僅透過用心觀察所見，更要用攝影機去記錄家鄉。

緊張，因為語言不熟，跟家人也不熟。」

——相對於常回外婆家的虹香，每次回家都被捧在手掌心呵護，這次反而計畫「突襲外公外婆，給他們驚喜，看他們平常在幹嘛。」

——來台已二十年的阮金紅，這次在兒子子斌邀請下同行，是這支返鄉紀錄團的「火金姑」，也難掩興奮「很多年沒回來，很想念故鄉，回來就控制不了眼淚」，希望能藉由此行讓孩子有機會更瞭解外公外婆。

帶著「要完成一支蹲點紀錄片」的使命感，三人開始深思自己對於越南有多熟悉，子斌說「我對越南的了解其實停留在很粗淺的認識，甚至很多都是透過台灣媒體。然而蹲點越南給了我一個機會，那就是不僅透過用心觀察所見，更要用攝影機去記錄。」好像回到家鄉，卻又十分不熟悉，甚至越語不通處處需要團員幫忙翻譯的千萍，則以全新的眼光看這個國家，也赫然發現了令人震撼的議題：在越南的隱形新二代。

因為三個家庭的故事都很可貴，都無法做取捨，因此，三人決定共同完成人生首支紀錄片《心找西貢》，努力在十多分鐘的片長裡，讓觀眾看到了三個不同的故事。

越南語「心找」，意味「你好」，三人帶著不同的心情對越南、越南家人問

・許多新二代不曾看過母親故鄉，也許一生一回。

好；對能說一口流利越南語的虹香來說，更希望藉由呈現自己跟外公外婆的好感情，可以讓台灣的青年懂得珍惜就在身邊的長輩，「我從小就很喜歡回外公外婆家，因為很疼我，所以我沒有國界之分。現在台灣青年很少聯繫長輩，要多把握與長輩相處的機會、多陪陪他們」，將來才不會有子欲養而親不待的遺憾。

隱形新二代：海燕的故事

千萍的表妹因母親失婚而被帶回越南，卻因此遭遇國籍問題，越南這一群「隱形新二代」就此掛在千萍心頭。

邱海燕，一歲時因父母離異，隨母親回越南，如今已就讀高中。因為來自台灣，海燕有著台灣姓氏，會受到老師跟同學的特別關注，自己也覺得很酷。談起久未見面的爸爸，平常只靠LINE傳訊問候，也想畢業後來台灣看看他。

因越南國籍法是屬地原則，在台灣出生的海燕至今無法取得越南國籍，而中華民國護照也已過期。千萍為此大感震驚，沒想到這次的越南蹲點，才發現當地還有更多相同遭遇的無法被看到的「隱形新二代」。

※編按：海燕的中華民國護照雖已過期，但仍保有中華民國國籍。而海燕的父母有一方不是越南國人，且沒有特別約定海燕的國籍，海燕並沒有越南國籍。不過，海燕畢竟是越南國人的親生子女，便可以依當地法律申請歸化為越南籍（請參越南國籍法第十九、二十及二十一條）。或許，台灣駐在當地的單位若能主動從旁輔助，或邀集熱心民間團體提供服務，便可解決眾多新二代的苦惱（感謝國際通商法律事務所盧柏岑律師、吳家豪律師提供法律意見）。

．喜歡從鏡頭發現事情，是記錄也是學習。

4蹲點成員：阮氏紅幸（新住民，郭芷涵之母）
郭芷涵（輔英科技大學 應用外語系）
郭甄涵（政治大學 國家發展研究所）
周妙穎（中正大學 電訊傳播研究所）

看影片

〈攜手並進，越進南海〉
見證胡志明市的繁華與國際化

談起印象中的越南，分別就讀國家發展研究所和電訊傳播研究所的甄涵和妙穎，雖是閨蜜，也有不同的想像。

甄涵從小和堂妹芷涵一起長大，因親族感情融洽，從來不覺得嬸嬸來自越南有什麼問題；反倒是堂妹在第二外語西班牙文之外，又在家人鼓勵之下進修第三外語——越南語，讓她充滿好奇，也開始藉課業之便研究起越南的政治與經濟發展，發現近年來越南台商日益增加，台灣甚至是越南的第五投資大國，不禁將越南也納入生涯發展的藍圖中；然而，當向朋友提起這樣的想法，卻不時獲得「越南很落後」、「妳怎麼會想去」的回應，使得甄涵開始思考「到底我們是用什麼樣的有色眼鏡在看越南？」

於是找來曾一起長途旅行的好夥伴妙穎，懷抱著對越南的問號與好奇，跟著芷涵一起回到嬸嬸的家鄉。「一開始，根本不了解越南人，實際走一趟才知道，越南人其實不是你想的那樣。」學傳播的妙穎，在這趟旅程中以導演兼攝影的身分進行觀察，不斷地在心裡進行想像與真實的辯證，「越南沒有我們想像中的貧困，或許現在城鄉差距還很大，但是可能過個十年就將超越台灣。」

而甄涵也親眼看見越南發展中的面貌，「各式各樣的外商進駐，遊覽胡志明市的途中，遇見眾多的韓國年輕遊客，以及外派越南的韓國大叔，同時還有中國、日本和台灣等各式各樣亞洲國家的人們住在這個多元而熱鬧的國家。」胡志明市的繁華與國際化，讓甄涵想起以前媽媽口中的經濟起飛年代，「彷彿去越南體驗了一回四、五十年代的台灣。現在台灣年輕人總說台灣的就業環境飽和、就業情況不好，早已經跟父母那一輩不一樣；我在蹲點中，開始更深刻的思考，如何跨出台灣，去看見更多元的產業環境，十六天的蹲點真的大開眼界也加深了我的思考層面。」

國家的發展也許掌握在領導人的手裡，但自己的人生掌握在自己的手裡。

「以前回來是探親，一週就回家。這一趟才發現越南有很多東西值得多看看，發

・韓國、中國、日本、台灣等來自亞洲各國家的人們住在胡志明市裡。

現很多文化的不同，了解到我從來沒有發現過的胡志明市風貌。」目前已經到胡志明大學繼續學業的芷涵，這一次的蹲點之旅就像是前哨站，一邊練習越南語，一邊跟著兩個姐姐從不同的切面觀察這個國家、這個城市。

帶著家人的祝福，「我還年輕，還有本錢去嘗試，還有勇氣，我所有的家人都支持我做這個決定。」芷涵勇敢跨出海外，迎接新的人生挑戰。

．冠汝重新認識及定位越南在她心中的地位，也變得更愛這熱情奔放的國家。

5蹲點成員：曾氏妙玄（新住民，陳冠汝之母）
陳冠汝（政治大學 外交學系）
陳宜君（政治大學 阿拉伯語文學系）
曾蓮蓁（政治大學 廣播電視學系）

看影片

〔壹玖玖柒號越台〕度過小學到高中快樂時光的台商學校

從小在越南長大的冠汝，爸爸是在越南的台商，媽媽來自越南南部靠海的城市——薄寮，「自從冠汝小學一年級，全家就定居於越南，在我的交友圈中大多為越南人，因此對長期居住於台灣的越南姊妹們的狀況不太清楚」曾氏妙玄回憶道。直到大學，冠汝來到政大就讀外文系，才開始接觸到台灣人對於東南亞的刻板印象，身邊的人常提出問題：越南有柏油路嗎？有水電嗎？或是妳家附近有很多田嗎？使得身為越南僑生的自己開始感到自卑，有了自我認同的問題。

在大學之前，冠汝在胡志明市台灣學校度過了小學到高中的快樂時光。學校原為提供台商子女延續台灣教育而設，但實際上有來自亞洲各國、各族的孩子在

・「胡志明市台灣學校」兼具本土與國際化。

此求學，就讀政大廣電系的蓮棻對此印象最深刻：「有韓國人、越南人、中東人的臉孔，但都講著標準的中文……他們在小小的年紀，就已經可以說很多種的語言，跟很多不同背景的人相處，我覺得那是一個很棒的環境。」

讀阿拉伯語文學系的陳宜君，憶及江家珩校長曾說：「台校強調融合包容，不管你來自哪個國家，都會有屬於你的舞台，提早適應接納環境、異國文化，透過課程教學和活動讓孩子具有包容的心，這是台校孩子們的一大優勢。」因此，成員們打定主意以台校作為拍攝對象，讓台灣看見這個位於胡志明市的「小台灣」，有多麼的本土，又有多麼的國際化，讓台灣人看到不一樣的越南面貌。

拍攝過程中，蓮棻、宜君也找到越南令人驚豔之處，這讓冠汝重新調整自己對於家鄉的看法「在這十五天的蹲點行程，多虧組員們以觀光客的角度看待越南、對越南源源不絕的讚美，使我重新定位越南在我心目中的地位，發現我竟然變得更愛越南這個熱情奔放的國家，甚至回台後還向台灣的朋友介紹越南有多麼的好玩、多麼的棒！這也意味著我正漸漸地重拾自信。藉由此次的蹲點活動，讓我有機會重新認識越南，這塊養育我的土地。」

備了一桌越式小吃、越式燉肉滷蛋等美味台越料理讓蓮棻、宜君捨不得回台灣的冠汝媽媽，也希望有更多機會讓台灣朋友認識現在的越南，「雖然目前仍

．許多地方都正在開發，現在的越南已經不是大家過去印象中的越南了。

有許多發展不及台灣，但不可否認的是越南正在起飛，大量的外資投入、許多地方都正在開發，為越南創造大量的就業機會與財富，大大地改善了人民的生活水平。現在的越南已經不再是大家過去印象中的越南了。」

「來台讀大學前，每年只有暑假才有機會回台灣；直到真正來台後，每當飛機降落在地面上，心中就不禁湧上一股思鄉的情緒。」面對自我認同的問題，冠汝將台校老師的話記在心上「主要還是妳自己如何看待越南這國家」，也許現在可以霸氣的說「來越南一趟就知道了！」

・第一屆「蹲點・台灣・心南向」成員合照。

・黃翊庭與團員回憶蹲點過程紛紛紅了眼眶。

「蹲點・台灣・心南向」交流分享會：在感動中看到更多親情

「蹲點・台灣・心南向」交流分享會於二〇一八年四月二十八日舉行，五組團隊於會中分享返鄉拍攝蹲點紀錄片的經驗，傳遞「台灣、越南都是我的家」的心情。現場並首映五組團隊拍攝的紀錄片，透過影片，說出新住民媽媽的故事，以及過程中對越南的觀察；與會民眾也在參與者的現場分享中，對越南有新的認識。

中華電信國際分公司總經理簡志誠感性地說「母親所在的地方就是我們的家鄉。」憶起小時候從嘉義「移」到台北，也曾因為慣說閩南語掛著「我說方言」的牌子受罰；更何況新移民是離鄉背井遠渡重洋來到完全不同的國度。提到中華電信近年來積極拓展東南亞市場，認為新二代擁有越南語言與文化的雙重優勢，是發展國際業務所需的人才。

十年來共同推動「蹲點・台灣」的政治大學傳播學院，陳儒修副院長也肯定第一次跨出台灣的嘗試。讓大學生走出舒適圈、拓展視野、體悟「課本裡學不到的知識」，一直都是蹲點計畫秉持的初衷；而這一次的「南向」將觸角延伸到海

・因為背景相同，原本就是好友的主持人武海燕（左）與阮安妮（中），以及就諦學堂阮秋姮（右），於會中分享各自的心情。

外，讓大學生認識新的世界，也期許第一屆的參與者「如同種子，帶領我們看到更多元的世界。」

跨出海外是「蹲點・台灣」新的嘗試，有賴專家顧問的協助，而近年來在台灣外籍勞動者發展協會積極培育外籍勞工、新住民與新二代「說自己的故事」的徐瑞希理事長，也在「南向」計畫啟動時提供了許多建議，「『蹲點・台灣・心南向』用深入蹲點越南的方式看到新的國度、為台灣帶入新視野，特別有意義。」

「挖ㄟ賽尬你攬一咧某」（台語：我可以抱你一下嗎？）有「越南孫翠鳳」美譽的阮安妮，於交流會中給了參與者大大的擁抱，用流利的國台語說出自己的感動：「聽到同學的故事，我也『揪毋甘』」表示當年自己也是遠嫁台灣，自己格外能理解異國婚姻與養兒育女的辛苦。

有許多參與者是第一次出國，也有多位新二代久未回鄉，甚至因為背景殊異而刻意迴避與另一個家鄉有關的話題；於是，越南語言與文化，成了這次蹲點行前培訓的重點。就諦學堂阮秋姮老師，在參與者出發前教授基本越南語，同為嫁到台灣的越南媳婦，她說「佩服蹲點越南的同學，敢給自己一個這樣的機會，也幫助母親回到故鄉的機會，我覺得很感動。」

因為真摯的分享、真情的流動，感動的淚水也在從台上蔓延台下，就連來自中央廣播電台的越南語節目主持人武海燕，因為同樣的身份背景，也早早就紅了眼眶，「心疼孩子的遭遇和堅強，我也跟著哭。」在母親節的前夕，透過這些參與者的經驗分享、他們鏡頭裡的故事，沒有國界之分，只有濃得化不開的親情。

※編按：「蹲點・台灣」首度跨出海外，感謝專家學者顧問的協助，包括張正（燦爛時光東南亞主題書店負責人）、何景榮（二〇一六年十大傑出青年，同時也是印尼新二代）、徐瑞希（台灣外籍勞動者發展協會理事長）、陳儒修（政治大學傳播學院副院長）、林翠絹（政治大學傳播學院副教授）、趙俊彥（長庚科技大學教授兼課外活動組長）、陳燕麗（中央廣播電台越南語節目主持人）、王雅萍（政治大學民族系主任）；也感謝協助團員行前培訓的講師群，包括教授越南文化與基礎越南語的黃美滿老師（中國文化大學推廣教育部）及阮秋姮老師（就諦學堂），講授紀錄片精神與拍攝實務的蔡崇隆導演（資深紀錄片導演）和李建成老師（逢甲大學通識教育中心副教授），以及激勵團隊合作的顏志豪老師（以立國際服務基礎訓練講師）。

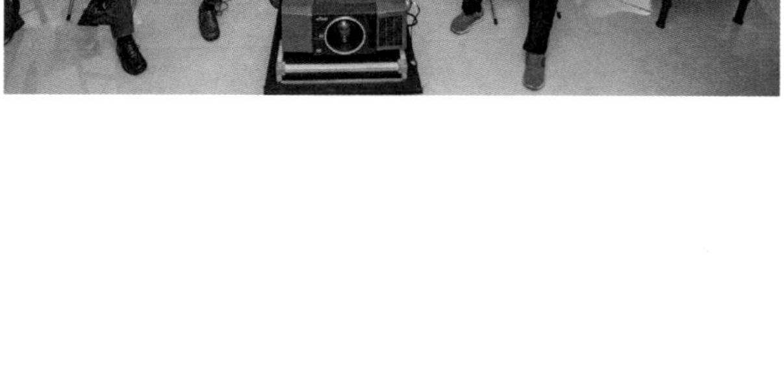

・（上圖）蹲點學生分享返鄉拍攝紀錄片的經驗，左起為張學孔（台灣大學土木工程學系教授）、洪美華（中華電信基金會執行長）、黃翊庭、劉千萍、武海燕（中央廣播電台越語節目主持人）、阮安妮（新麗美歌仔戲當家花旦／演員）、阮秋姮（就諦學堂越語老師）、徐瑞希（台灣外籍勞動者發展協會理事長）、陳儒修（政治大學傳播學院副院長）、簡志誠（中華電信國際分公司總經理）、張朝棟（理律法律事務所合夥人）。

附錄

一起回鄉設計吧！

攝影／連慧玲

「蹲點．台灣」十週年，特別與「5% Design Action社會設計平台」合作，拓展「蹲點．台灣」影響力；同時藉由號召更多社會專業人士與設計師的參與，與二〇一八年「蹲點．台灣」所選出的學生團隊進行配對，共同為蹲點社區提出產業發展與進化方案。

本年度共挑選「台中財團法人水源地文教基金會」、「彰化溪州莿仔埤圳產業文化協會」、及「花蓮鐵份部落」三個據點作為合作執行目標。

由5% Design Action募集並挑選有經驗，且「出生地或目前工作」位於台中、彰化、花蓮的業界專業人士與設計師為主，募集階段總共十三位社會設計師報名，最終挑選出四個據點各兩位，共八位的社會設計師入選，進行概況說明如下：

一、設計思考必須要傾聽地方的需求

蹲點社區	社區／機構特色	蹲點學生	蹲點任務
財團法人水源地文教基金會（台中市）	本著對鄉土人文的關懷，以社區營造的理念為出發點，進行各項社會福利、弱勢族群關懷及文教宣導等工作。	吳芳慈 張芳綾 見第一三九頁	蹲點學生將藉由設計方式，進行思考兒童、老人、流浪動物之創新服務規劃與推動。

蹲點時間：7月27日、8月8日、8月10日

設計師小檔案

吳林展

現職：風格線上雜誌總監
專長：採訪、攝影、撰寫
與蹲點社區關係：移居台中八年
參與初衷：關心臺中在地文化與產業發展

張釉棱

現職：雅比斯國際創意策略股份有限公司專案經理
專長：產業輔導、活動規劃、企劃撰擬、產品企劃
與蹲點社區關係：中部人，經常於台中地區接案活動
參與初衷：希望能將過去執行專案之實務經驗與學生分享，協助地方發展

蹲點單位現況說明

水源地文教基金會以社區營造的理念為出發點，長期於台中市太平區頭汴社區、原住

民松鶴部落及台中市北區水源地社區，進行各項社會福利、弱勢族群關懷、以及文教宣導等規劃性工作。水源地文教基金會並非服務單一組織，主要業務為承攬青年志工參與社會服務，服務範圍非限定於特定單位；水源地文教基金會為志工媒合機構，主要由志工需求單位向基金會提出申請，而有興趣參與社會服務的志工，則是向基金會申請要擔任志工，基金會再依據單位需求派任合適志工前往協助。現行志工招募工作主要由兩位同仁負責基金會所有青年志工招募與管理相關業務。

基金會現行志工招募方式主要透過口碑行銷方式，由過去參與過的志工學長姐向學弟妹宣傳，部分會由其他管道來申請。志工屬性主要分為兩種，一種是對於參與社會服務有興趣的志工，一種則是受限於志工服務時數的學生。

對學生造成的影響

本次蹲點學生相當優秀，具問題的剖析的能力與高度執行力，能在短時間內將蹲點引導討論的方向呈現如此完整，值得肯定與鼓勵！

學生蹲點的過程中，從參與志工服務、國際志工營以及創世基金會發票募集……等活動，透過實地參與服務、與人的接觸等過程，一來可以讓學生感受到從事社會服務的精神，二來則是透過實地蹲點參與，了解基金會的運作方式，找到推動志工服務的痛

點，運用學生在學校所學習的行銷知識，可以提供志工招募等相關行銷的建議。實地參與志工服務的過程裡，立即性的投入服務，並擔任重要角色，對於學生在未來職場上的臨場反應與應變能力，皆有很大的幫助；而透過志工服務，在人與人的接觸中，更可以感受到志工服務過程的溫暖。我想學生經由這樣的蹲點計畫，從實際的工作能力到精神層面皆可以獲得很大的收穫！

預計對當地社區／機構的影響

對於水源地文教基金會的影響應該在於「記錄」，行銷這件事沒有內容、素材，是十

「5% Design Action社會設計平台」簡介

秉持著「社會創新不只需要設計思考、更需要實際行動」的理念，二〇一三年「5% Design Action社會設計平台」在台灣正式發起，以「設計行動」之專案形式募集跨領域的設計師與專業人士，共同投入5%的業餘時間，將原本運用在企業創新上的專業知識與設計能力，貢獻於社會關鍵課題及挑戰之中。另一方面，專案過程也以「服務設計方法」為核心，串連與設計議題相關的公部門、NPO組織、私部門一起進行價值共創，找尋可能的創新機會與解決方案。5% Design Action社會設計平台關注的議題橫跨教育、健康、環境、經濟四大類，成立以來已有超過七千位設計師和專業人士投入，期待透過品牌所搭建起的設計平台，串連世界上各個角落的「設計行動家(Action Designers)」，都能更有效率、方法及資源地進行社會創新與價值共創工作，以創造可持續發展之社會創新影響力。

看更多

分難為的。怎麼樣建立一個記錄流程，或許是本次提案最大重點。因為要解決人的問題，唯有找到人，增加參加的意願，才可以解決這個痛點。在無法增加固定人員的狀況下，如何觸動更多人？讓他們願意加入志工行列？解決這些問題，才可以有所改變。因此在初步會談時，就先盤點了基金會現況，並提出建議，希望可以帶來改變。

設計師心得回饋

吳林展

在蹲點的過程中，其實愈了解一個組織單位，愈能明白設計思考這樣的方法，如何應用在組織改造盤點當中，或許日後可以使用在自己周遭。

張釉棱

第一次參與蹲點計畫，從與學生、單位的互動過程中，了解時間有限的情形下，如何透過設計思考的方式協助地方找出痛點，釐清問題的脈絡，且從引導的過程中，建立單位與學生間的共識，才能找出痛點共識。設計思考必須要傾聽地方的需求，方能提出最佳解決方案，未來不論執行任何專案，導入設計思考將會是一個可以快速聚焦問題、精準鎖定解決方案的工具。

二、挖掘濁水青土的寶藏

蹲點社區	社區／機構特色	蹲點學生	蹲點任務
溪州莿仔埤圳產業文化協會（彰化縣）	致力從產業與文化來改善在地農業環境。目前在當地有書店推廣友善農作、並執行打工換宿。	陳浥柔 馮云萱 見第一四一頁	蹲點學生將協助田野調查，並製作食農教育、鄉土教案以供在地國小推行。

蹲點時間：8月18日、8月19日、8月25日

設計師小檔案

劉鴻諺

現職：小宅設計工作室設計師

專長：工業設計、視覺商業設計、商品開發

與蹲點社區關係：彰化人

參與初衷：發現身邊有很多彰化人，常嫌棄彰化是個二十年不進步，缺乏活力又不繁榮的地方。離開彰化多年，由外觀內，反倒覺得彰化應該可以維持老派的生活風格與步調，此行希望透過自己的能力所及，讓這個老派的地方增添它獨特的魅力

蕭文信

現職：緯創資通公司使用者經驗設計部主任

專長：帶團隊進行使用者經驗研究、創新設計、創意開發

與蹲點社區關係：彰化埤頭人

參與初衷：據點離老家很近，想了解溪州目前文化更新動態

創新提案介紹

1 提案標題：溪水長流

2 提案目標：強化溪州小旅行與當地的連結，讓外地人到溪州旅行不再只是景點的尋訪，而是藉由一系列的活動流程，從外在景物的認識到行為的體驗，深入了解當地人與濁水溪還有莿仔埤圳的獨特連結性。

3 提案內容介紹：

以當地人稱呼黑土的「濁水膏土」四字作為主軸，緊扣黑土、水源與當地信仰等元素提案，分為教案與服務兩種。教案，以藝術創作方式與當地國小合作，利用在地農作物及土壤等自然素材進行實地創作，透過這樣的方式帶領小朋友一步一步認識自己家鄉的土地。

服務，則是以協會的需求為出發點，透過與當地人以及耆老訪談中得知的六個與當地關係密切的景點，作為體驗接觸點，並搭配黑土的體驗活動與攝影參訪行程，提高社群媒體能見度。同樣的活動流程，也可以推廣到彰化以及溪州當地的國中小學，以鄉土教育的角度切入，透過實地體驗的方式讓小朋友認識溪州在彰化農業發展的重要地位，除了可以強化與地方的連結，也可以作為創造穩定收入的服務。

設計師心得回饋

劉鴻諺

透過參與本次中華電信基金會「蹲點・台灣」與5% Design Action合作的活動，才得以設計師這樣的身份參與其中。我本身也是土生土長的彰化人，直到大學才到桃園念書，從十八歲離開彰化後就一直在外面求學工作，其實對於自己家鄉的認識也僅只於十八歲前的記憶，還有當朋友來彰化玩時，再趕緊上網補充一些美食景點，充當一下在地人，事實上，自己對家鄉的認識也是非常表面。

這次參與蹲點計畫的三天中，因為過去自己對鄉土的關注度不足，連護水運動發生在家鄉這樣的事都不知道，身為彰化人的我覺得非常慚愧。對身為設計師的我而言，也許還有自己的工作要做，但是這樣奉獻自己5%的時間，走出自己平常的生活圈，發揮自身的專業，試圖為社會解決一點點的小問題，接觸自己不曾接觸過的領域，亦是一個學習以及重新為自己充電的機會。

這次活動以設計師的身份加入，我們帶領學生認識何謂「設計思考方法」，鼓勵他們勇於表達自己的想法，過程中輔以一些我們的看法與意見，給予學生不一樣的思考刺激，是一個很好的學習經驗。

蕭文信

1 活動目標設定：因為整個活動的相關人等許多，對於活動目標的期待可能略有不同，但若以此次活動應該是以在地協會的期許為主，所以地方單位也可提前參與任務規劃，而不只是協助供餐，與進行文資材料的搜集而已。協會是一個文化與活動節點，他串連內外人，以及被賦予的文化傳播等責任。協會為溪州付出，已經有多年相關活動經驗，對於地域的需求相對於我們更為了解與準確。作為蹲點設計師，未來可以提早與蹲點的單位進行互動，了解真實所需，才能提出更有價值與實踐性的結果。

2 文化語言能力：一般來說，只要進入中南部的社區，台語就是基本必備的能力了。尤其是以訪談為主的文資材料搜集，很容易因為語言不通就失去了功效，非常可惜。在協會書架上有一本幾年前政大學生的溪州田調紀錄，結語之一也是因為語言障礙造成許多資訊與訪談無法更為深入，尤以短期蹲點更是影響明顯，這對於學生與設計師來說都必須謹慎思考，文化的累積通常口耳相傳為優先，再來是對於文化物質痕跡的解析，最後才是被編寫成文史紀錄，這不是短期就能解決的問題，但卻是可以由有經驗的設計或研究人員帶領，從訪綱，到協助訪談過程中的釐清，並更深入地挖掘有價值的經驗。

3 時間不是問題，思考與設計方法要選對：雖然設計師蹲點只有三天，但學生前後共有

兩週的時間可以在現場，所以我們選定的共創時間剛好是在中間，一方面可往前檢視學生累積資訊，再者也能接續驗證討論提案的執行。從我們加入第二天的耆老訪談可以看出，學生有熱情而且很讓人親近他們，能夠化解語言上的障礙，理解能力很快，不管是文化解析方法的使用，或者是整體脈絡的理解都能融會，是很棒的學生。

4 連結：在地設計師進入蹲點的場域是很棒的想法。我也跟協會約定好下一次的互動，不管是個人經驗的分享，或者是協助進一步討論更多社區共榮的機會。因為是在地回鄉，情感連結更為親近，也更有價值。

三、鐵份部落心裡和手上緊扣著的

蹲點社區	社區／機構特色	蹲點學生	蹲點任務
鐵份部落（花蓮縣）	部落內有多元產業：金針、東豐文旦、有機米&良質米、有機咖啡。	第一組 邱亞若、黃翊嘉 第二組 蔡紫彤、郭嘉錡 見第一五八頁至一五九頁	蹲點學生將協助社區文史記錄、長輩關懷。

蹲點時間：8月11日、8月13日、8月17日、8月18日

設計師小檔案（第一組）

許若倩

現職：好和研作室內設計師

專長：室內空間設計、傢飾設計

與蹲點社區關係：花蓮玉里人

參與初衷：用設計祝福家鄉

蔡蕙年

現職：山海日常工作室負責人

專長：城鄉策略規劃、活動行銷企劃、空間與展場設計

與蹲點社區關係：移居花蓮靜浦二年

參與初衷：希望可以與部落合作激發出有趣的東西

工作內容敘述

8月11日

由於我們兩位設計師未接觸過鐵份部落，前期僅能以學生提供的資訊與認知，加上網路上對潘世光神父事蹟去做評估，但為了避免因先入為主而作出不適合鐵份部落的建議，我們僅提出粗略的幾個方向，待到現場作進一步了解後，再做更明確的建議。

針對本次任務我們將自己定位為幕後引導學生的角色，由學生主動發想，透過我們的專業去補強與協助，讓學生可以完成更趨近於他們理想中的成果。

8月13日

・透過走入部落每寸土地，初步認識鐵份部落

・與六大部落會堂執事及部落耆老一同議事：傾聽他們對潘世光神父紀念館的想法與需求。

・查訪潘神父的故居、找出故事和文化。

・和學生會晤：討論紀錄片的素材蒐集與內容走向。

8月17日

・透過便利貼自由發想模式，將零散的想法組織成可行方案。

・檢討潘神父故居的結構、動線及修繕等相關事宜。

・繪製紀念館及母語推廣中心的初步藍圖。

8月18日

・由學生負責簡報，設計師針對專業部分進行補充說明。

創新提案介紹

1 提案標題：紀念館暨母語傳承中心建置計畫

2 提案目標：提出紀念館建置的近、中、長程計畫及建議執行方式

3 提案內容介紹

近程：紀錄片拍攝

中程：既有文史資料整理，並建置潘神父個人維基百科內容

長程：紀念館建置及營運建議

設計師心得回饋

蔡蕙年

要了解一個地方真正的需求並提出適合的解決方案其實需要一段較長的時間，雖然透過密集的訪談可以快速的抓到一些重點，但往往很容易錯估情勢，有時候居民提出「想要」的東西，並非是他們真正的「需要」。就像一開始我們接收到的訊息中，有很多他們所提出的需求，在過程中不斷地釐清後被捨棄或整併，最後發現也許紀念館只是個手段，他們真正需要的是透過潘神父紀念館來活絡部落，因此我們最後提出了透過阿美語教學推廣來做為紀念潘神父精神更為適合，對外人來說也具有較大的吸引力與永續經營的潛力。

許若倩

這次蹲點給我最大的收穫就是跳脫自己習慣的環境，近距離觀察部落的需要和習慣。

特別是看見從一個潘神父生出了部落裡一群默默耕耘、願意栽種在部落的勇士們，更激勵我去思想怎麼透過我們的服務和所長讓他們的建造能持續下去。

同時，因為這次和學生們一起合作，我們也在過程中不斷思考怎麼將我們的專業和經歷變成輔助學生們那無畏的熱情和創意執行出來的輔助工具，而不致於被限制或取代。

而學生們在第一次報告中表達了兼具廣度和高度的提案內容，讓我非常受到鼓勵。期待今年的蹲點計畫，不只是一年的計畫，而是每一年都能繼續追蹤和提供後續所需的協助。

設計師小檔案（第二組）

湯怡琇

現職：龍華科技大學助理教授

專長：設計發想、設計引導、產品設計

參與初衷：興趣

歐家興

現職：佳世達科技設計中心副理、明碁電通數位時尚設計中心設計師

專長：工業設計、技術商品化、產品企劃

參與動機：回饋社會

部落由來

鐵份部落又稱「東豐部落」，阿美族人則稱此地為「Afih」，是「米糠」的意思，因為昔日每一家的婦女在稻米收成時會輪流椿米，整身沾滿米糠，故得此名。部落族人多來自太巴塱、馬太鞍、砂荖及烏石鼻等部落。因山麓下湧出有硫磺味的冷泉，因含硫成分鐵器易腐蝕變黃，居民稱為鐵份，後人又以音譯改為棣芬。於一九六三年改稱為「鐵份」。

了解鐵份部落當地的情況

1 部落長輩，活動很多，人也積極，也樂於參與課程。長輩很能接受新的東西及課程，例如前天的瓦片餅乾及昨天的化妝課，平日的課程產出很多手作品；然而關於手作品的銷售，基本上是賺不了錢，因為量太少了。

2 最近都在忙豐年慶的活動準備，有義賣市集，紫彤及嘉錡的瓦片餅乾，也會在市集上賣。

3 目前比較擔心的是，獨居老人離開關懷站的時間安排或是人身安全。但是部落的互助系統好像還不錯。

與學生共創

主要發現的問題：部落文化的傳承、人口外移、平常部落居住的大部分是老人、關懷站的手作很多、許多長者其實也不清楚阿美族的傳統技藝、如何創造鐵份部落的新文化，最後如何發揮長者的價值。

創新提案介紹

1　提案標題：長者文化手作文化教材

2　提案目標

①短期：希望探索部落的文化跟如何創造新的文化

②中程：希望可以重拾部落文化及探索部落獨特的文化是什麼？讓年輕人參與部落，進而可以返鄉生活。

③長期：可以做為文化傳承及部落認同感，讓部落可繼續存在下去。

3　提案內容介紹

短期：先提供教材給長者傳承部落文化，文化來源為地方的產業跟本身部落文化為主，教材分為飲食跟一些阿美族的編織為主，讓居住在部落的長者，發揮自身的能力傳承部落文化。

設計師心得回饋

歐家興

第一次去鐵份部落，基本上我們主要是去觀察跟盤點部落上有什麼資源，可以去共創或是讓我們可以在設計上發揮的部分。

另外，可以考慮針對鐵份部落旅北的族人，邀請他們一起為鐵份部落共創。

湯怡琇

部落在一般印象中就是一個小群聚的村落，尤其是打著原住民部落名稱的部落，更讓人在第一印象中，以為是個充滿濃濃的原住民生活文化色彩的地方。實際走訪後，發現因就業機會問題而造成青年人口的外移，青年不再，傳承斷層。

因此，喚回青年返鄉，除了需要對自己生長地方有認同感，更需要熱情的支持。重拾文化不是老一輩該做的，保存文化更需要人力投入，而長者如何開心過生活，並可將「生活」轉成「價值」，都是在目前社會發展下需要再重新被設計的。

編按：本文主要摘錄自5% Design Action製作的「中華電信基金會『蹲點・台灣』十週年特別企劃：一起回鄉設計吧！」成果報告，由於篇幅有限，只能從各篇報告中各摘出不同格式內容，供讀者略作參閱。

青春，壯遊。

翻轉人生的夏日小旅行

Click TAIWAN

the first decade

策　畫　：
中華電信基金會｜編著：古碧玲、
高世威、張嘉芳、林佳儀｜美術設計：楊啟巽
工作室｜插畫：蔡靜玫｜照片提供：中華電信基金會｜攝
影：連慧玲｜特約編輯：黃信瑜、新生命資訊服務公司（社會企
業）｜責任編輯：何喬、莊佩璇｜編輯顧問：洪美華｜出版：幸福綠光
股份有限公司／新自然主義｜地址：台北市杭州南路一段63號9樓｜電話：
(02)23925338｜傳真：(02)23925380｜網址： www.thirdnature.com.tw｜E-mail：
reader@thirdnature.com.tw｜印製：中原造像股份有限公司｜初版：2018年12月｜
郵撥帳號：50130123 幸福綠光股份有限公司｜定價：新台幣420元（平裝）｜本
書如有缺頁、破損、倒裝，請寄回更換。｜ ISBN 978-986-95019-3-4
總經銷：聯合發行股份有限公司｜新北市新店區寶橋路235巷6弄6號2樓｜電
話：(02)29178022 傳真：(02)29156275

國家圖書館出版品預行編目資料
青春，壯遊。翻轉人生的夏日小旅行／古碧玲等合著. -- 初
版. -- 臺北市 :幸福綠光,新自然主義 2018.12 面； 公分
ISBN 978-986-96937-7-6 (平裝)
1.社區服務 2.社區參與
545　　　　107019636

新自然主義
幸福綠光

讀者回函卡

書名：《青春，壯遊。翻轉人生的夏日小旅行》

■ 請完整填寫讀者資料後寄回，即刻成為書友俱樂部會員，獨享很大很大的會員特價優惠（請看背面說明，歡迎推薦好友入會）

★ 如果您已經是會員，也請勾選填寫以下幾欄，以便內部改善參考，對您提供更貼心的服務

● 購書資訊來源：□逛書店　□報紙雜誌報導　□親友介紹　□簡訊通知　□書友雜誌　□相關網站　□其他

● 如何買到本書：□實體書店　□網路書店　□劃撥　□參與活動時　□其他

給本書作者或出版社的話

讀者資料

請填寫後，剪開投入郵筒（免貼郵票）寄回

姓名：　　性別：□女　□男　　生日：　　年　　月　　日

■ 我同意會員資料使用於出版品特惠及活動通知

手機：　　E-mail：

★已加入會員者，以下免填

聯絡地址：□□□□□　　縣（市）　　鄉鎮區（市）　　路（街）　　段　　巷　　弄　　號　　樓之

年齡：□16歲以下　□17-28歲　□29-39歲　□40-49歲　□50-59歲　□60歲以上

學歷：□國中及以下　□高中職　□大學/大專　□碩士　□博士

職業：□學生　□軍公教　□服務業　□製造業　□金融業　□資訊業　□傳播　□農漁牧　□家管　□自由業　□退休　□其他

寄回本卡，掌握最新出版與活動訊息，享受最周到服務

會員福利最超值

· **購書優惠**：即使只買一本，也可享受定價8折。消費滿500元免收運費。

· **生日禮**：生日當月購書，一律只要定價75折。

· **即時驚喜回饋**：

優先知道讀者優 辦法及A好康活動。

提前接獲演講與活動訊息。

率先得到新書新知訊息。

入會報法最簡單

請撥打02-23925338分機16專人服務；或上網 www.thirdnature.com.tw

新自然主義
幸福綠光股份有限公司
GREEN FUTURES PUBLISHING CO., LTD.

（請沿線對摺，免貼郵票寄回本公司）

廣告回函
北區郵政管理局登記證 北台字03569號
免貼郵票

100 台北市杭州南路一段63號9樓

新自然主義
幸福綠光股份有限公司
GREEN FUTURES PUBLISHING CO., LTD.

地址：台北市杭州南路一段 63 號 9 樓

電話；(02) 2392-5338　　傳真：(02) 2392-5380

出版：新自然主義・幸福綠光

劃撥帳號：50130123　　戶名：幸福綠光股份有限公司